雀 què 참새 작

 소(小)와 추(隹)가 조합된 모습으로, 지붕위에서 자주 볼 수 있는 '작은 새'인 참새를 말한다.

金 雀

 雉 zhì 꿩 치

甲 시(矢)와 추(隹)가 조합된 모습이다. 여기서의 화살은 줄로 묶은 화살을 말하며 사냥감을 적중시켰을 때 줄을 당겨 사냥감을 끌 수 있도록 고안된 것이다. 만약 적중시키지 못하더라도 실을 끌어 오면 귀중한 화살을 잃지 않게 된다. 이러한 화살은 실의 길이에 제한이 있어, 높이 날지 않는 새를 쏠 때만 사용할 수 있다.

金 雉

 燕 yàn 제비 연

...니는 ...다. ...을 ...지고 ... 이후의 ...매우

노릇이 된다.

金 燕

 舄 xì 신 석

甲 이 글자의 특징은 새의 머리에 까치 새를 나타내는 여러 개의 높이 솟은 볏이 있다는 점이다. 그러나 금문(銘文)에서 석(舄)은 새를 의미하지 않고 임금이 고위 공무원에게 의식을 행할 때 쓰도록 하사한 신발을 말한다.

金

 鳴 ming 울 명

甲 자형은 입을 크게 벌린 새와 사람의 입 모양을 강조하여, 입을 벌리고 지저귀는 창제의미를 표현했다.

金

 隻 zhī 새 한 마리 척

甲 손으로 새를 쥐고 있는 모습인데, 사물을 잡았다는 것에 초점이 놓여 있어, '획득하다', '수확하다' 등의 뜻이 나왔다.

金

 雙 shuāng 쌍 쌍

篆 손으로 두 마리 새를 잡은 모습인데, '두 개의 동일한 것'을 의미한다.

 進 jin 나아갈 진

甲 갑골문은 새 한 마리와 발자국 하나로 조합되어, 새는 앞으로만 움직이지 뒤로는 가지는 못한다는 창제의미를 표현했다. 금문에 들면서 길을 나타내는 부호가 더해졌다. 발은 걷기 위해 생겨난 것이고, 길은 걷기 위해 만들어진 것이기에, 고대 한자에서는 이 둘이 서로 호환되었다.

金

 習 xí 익힐 습

甲 자형에서 보이는 깃털은 새의 날개를 나타낸다. 새의 끊임없는 날갯짓은 '퍼덕 퍼덕거리는' 소리를 내는데, 고대인들은 이 장면을 빌려서 '반복'이라는 의미를 만들어 냈다. 공부는 반복적인 연습과 복습이 필요하므로 여기서 '학습'이라는 뜻이 나왔다.

金

 集 jí 모일 집

甲 원래 의미는 새가 나무에 앉아 쉬다는 뜻인데, 금문에서는 나무에 세 마리의 새가 앉은 모양이다. 세 마리의 새가 나무에 앉은 모습으로 많은 것들이 한데 모여 있다는 의미를 표현해 냈다.

金

虫 chóng 벌레 충

甲

金

땅에서 기어 다니는 뱀 모양이다. 크기도 하고 작기도 하며, 기어가거나 날아가기도 하고, 털이나 비늘이 있거나 없기도 한 다양한 모습으로 표현할 수 있다.

蠱 gǔ 독 고

甲

金

몇 마리 벌레가 용기 속에 든 모습이다. 한자에서 삼(3)은 종종 많다는 뜻을 나타내는데, 위에 하나 아래에 둘이 배치되어 그릇[皿] 위에 벌레 세 마리가 놓인 모습을 하게 되었다. 고대에는 살충제가 없었기에 고대인들은 회충이 생기거나 설사나 치통 등과 같은 질병들이 실수로 벌레를 삼키면 발생한다고 생각했었다.

03 일반 동물/조류와 기타

鳥 niǎo 새 조 **隹** zhuī 새 추

甲   甲

金   金

갑골문에는 새를 나타내는 글자로 조(鳥)와 추(隹)의 두 가지 상형문자가 있다. 이 둘은 모두 새의 측면 모습을 그렸다. 이 두 글자를 비교해 보면, 조(鳥)가 더 세밀하게 그려지고 깃털이 더 많이 그려졌다. 이들은 모두 조류를 나타내는 의미부로 사용된다.

烏 wū 까마귀 오

甲

金

까마귀의 측면 모습을 그렸다. 초기 자형에서는 모두 입이 위로 향했는데, 울음의 특징을 나타냈다. 까마귀의 울음은 귀에 거슬려 불쾌하므로 일부 사람들은 까마귀의 울음이 음험하고 위험함을 나타낸다고 한다. 까마귀는 깃털 전체가 어둡고 검은색으로 되었기에, 어두움과 암흑의 의미를 표현하는 데에도 사용된다.

鷹 yīng 매 응

甲

金

갑골문에서는 한 마리의 새와 구부러진 발톱으로 구성되어, 날카로운 갈고리와 발톱을 가진 '매'의 특성을 표현했다. 매는 수백 미터 높이에서 공중을 선회하다가 먹이를 찾으면 재빠르게 내려와 발톱 걸이를 사용하여 먹이를 낚아챈다.

雈 huán 물 억새 환

甲

金

이 글자는 머리에 뿔과 같이 생긴 털을 가진 올빼미의 독특한 특징을 묘사했다. 올빼미라는 의미 외에 갑골문에서는 신구(新舊: 새것과 헌것)라고 할 때의 구(舊)로 가차되었다. 이후 이들 의미를 구분하기 위해 추(雈)자에다 독음 부호인 구(臼)를 더해 구(舊)가 되었다.

雚 guàn 황새 관

甲

金

이것은 종종 지저귀는 황새인데, 우는 소리가 크고 낭랑하여 시끌벅적한데, 여러 개의 크게 벌린 입이 마치 새가 옆에서 울고 있는 듯하다. 이후에 관(雚)자에다 의미부인 견(見)자를 더하여 관(觀)이 되었다. 또 관(雚)자에다 새를 뜻하는 조(鳥)를 더하면 관(鸛: 황새)자가 된다.

龍

lóng 용 룡

甲 머리에는 왕관모양의 뿔이 달렸고, 긴 위턱과 짧고 아래로 굽은 아래쪽 턱, 크게 벌린 입과 드러난 이빨, 몸통은 말려 입과 다른 방향을 가진 동물의 모양이다.

金

熯
hàn 말릴 한

金

篆 燂

가뭄이 들어 비를 기원하는 상나라 때의 의식을 말하는데, 매우 다양한 모습으로 표현되었다. 원래는 제사장이 정면에 서서 손을 엇갈리게 잡고 입을 크게 벌려 기도하는 모습이다.

舞
wǔ 춤출 무

甲

金

한 사람이 양손에 소꼬리 모양의 소품을 가지고 춤을 추는 모습이다. 자형은 정면으로 선 큰 사람의 모습과 양손에 춤추는 도구를 든 모습으로 분리될 수 있다. 이는 상나라에서 비를 기원하던 의식이다.

鳳
fèng 봉새 봉

甲

머리에는 깃털로 된 왕관이 있고, 꼬리에는 길디긴 깃털과 특별한 무늬가 있는 새를 그렸다. 공작이나 비슷한 모양의 다른 큰 새를 기반으로 그렸을 것이다. 이후 바람을 뜻하는 풍(風)으로 가차되었다.

風
fēng 바람 풍

甲

金

상형자인 봉(鳳)에다 소리부 기능을 하는 범(凡)이나 형(兄)이 더해진 구조로, 바람(風)이라는 의미를 표현하는 형성자이다.

龜
guī 거북 귀

甲

金

거북이의 측면 모습을 그렸다. 상나라에서 거북이의 가장 큰 용도는 점술의 재료였다. 멀리 5천여 년 전, 사람들은 대형 포유류 동물의 뼈를 태워, 뼈가 갈라지는 흔적에 근거해 일의 길흉에 대한 징조를 점쳤다. 굶주림에 강하고 갈증에도 잘 견디며 장수하는 등 특이한 거북의 재능 때문에 고대인들은 거북이 신성한 힘을 가지고 있고 신들과 의사소통 할 수 있다고 믿었다.

蛇
shé 뱀 사

甲

金

篆

갑골문에서 타(它)는 뱀에 발가락이 물린 모습이며, 금문에서 타(它)는 한 마리 뱀처럼 보인다. 이 뱀은 몸을 곧추세워 경계를 하며 공격하려는 모습이다. 타(它)가 보통 의성어로 많이 쓰이게 되자 벌레를 뜻하는 충(虫)을 원래 형태에 추가하여 뱀을 뜻하는 사(蛇)자가 되었다.

栗
sào 울 소

金
篆 栗

나무 위에 세 개의
구(口)가 있는
모습인데, 구(口)는
새의 입을 나타낸다.
서로 다른 새들, 서로
다른 음색들이
나뭇가지 사이에서
울며 시끄럽게 하여
성가시게 하는
모습이다.

焦
jiāo 그을릴 초

金
篆

새 한 마리가 불 위에
놓인 모습이다. 즉,
새를 구워먹는
모습인데, 약간 눋게
익혀야만 맛이 있다.
이를 위해 마음이
조급한 모습을
표현하게 되었다.

離
lí 떼놓을 리

甲
金
篆

새 한 마리가 새를 잡는
그물에 걸린 모습이다.
어떤 그물은 고정된
장소에 설치되어 새가
스스로 와서 그물에
걸리기를 조용히 기다린다.
산채로 잡은 새는 새장
속에 넣어두고 감상할
수도 있다. 새에 달린
깃털도 비교적 완전한
상태여서 그것을 떼어내
옷을 장식하는 데 사용할
수도 있다.

奪
duó 빼앗을 탈

金
金
篆

구성성분이 상당히
복잡한데, 의(衣)와
수(手)와 추(隹)를
비롯해 옷 속에 든 3
개의 작은 점으로
구성되었다. 새를
유인하여 쌀알을 쪼아
먹도록 하는 모습을
표현했다. 자형에서는
옷으로 함정을
만들었고, 새는 이미
옷으로 만든 그물망에
뒤덮여 사람의 손에
잡히고 말았으며,
새가 손아귀에서
벗어나려 발버둥치는
모습을 묘사했다.

奮
fèn 떨칠 분

金
篆

새가 들판에
설치된 옷으로
만든 함정에 갇혀
있고 거기서
벗어나기 위해
날개를 퍼덕이는
모습을 그렸다.
아니면 새가
들판에서 막대기에
의해 쫓겨 날개를
퍼덕거리며
날아가는 모습을
그렸다.

魚
yú 고기 어

甲
金

물고기의
모양인데,
비늘과
지느러미 및
물고기의 다른
특성들이 모두
잘 표현되었다.

兔
tù 토끼 토

甲
篆

토끼를
그렸는데,
자형의 초점이
위로 치켜
올라간 토끼의
작은 꼬리에
놓였다.

漁
yú 고기 잡을 어

甲

갑골문에는 낚시
방법을 반영하는
다른 여러 가지
자형들이
등장한다. 손에
낚싯줄을 잡고
물고기를 낚는
모습도 있고,
손으로 그물을
던져 고기를 잡는
모습도 있다.

魯
lǔ 노둔할 로

甲
金

접시에 생선이
한 마리가 놓인
모습인데, 이는
맛있는
음식이었기에 '
아름답다'는
뜻이 생겼다.

能
néng 능할 능

金

곰의 측면
모습을 그렸다.
능(能)은 곰[熊
]을 그린
상형자인데, 곰은
강력하고 힘이
있기 때문에
유능한 사람을
나타내는 말로
쓰이게 되었다.
그러자 웅(熊)을
만들어 원래의
곰이라는 동물을
표현했다.

逸
yì 달아날 일

金
篆

길에서 토끼를
쫓아가는
모습이다.
토끼는 작고
민첩하며
빠르게 뛰어가
잘 도망치기에,
사냥개를
동원하여
사냥해야한다.

豢
huàn 기를 환

甲 새끼를 밴 어미 돼지를 두 손으로 잡는 모습인데, 어미 돼지가 의외의 사고를 당할까 염려되어 돌보다는 의미를 담았다.

篆

龏
gōng 공손할 공

甲 두 손으로 한 마리의 용을 싸잡은 모습이다. 이 글자는 공왕(龏王)이라는 이름으로 쓰인 이외에도 공손하고 소박하다는 의미를 나타냈는데, 이후의 고전에서는 종종 공(龏: 공손하다)이나 공(恭: 공경하다)자로 대체되어 사용되었다.

金

畜
chù 쌓을 축

甲 동물의 위와 붙어 있는 장의 형상을 그렸다.

金 고대사회에서 도자기가 보편화하기 전에 사람들은 물이나 술이나 음식을 저장하기 위한 용기로 동물의 위를 사용했는데 여행 때 가지고 다니기도 편리했다. 그래서 '수용하다', '보존하다' 등의 뜻이 있게 되었다.

牧
mù 칠 목

甲 한 손으로는 양치기 막대기를 잡고 소나 양을 몰아가는 모습인데, 짐승을 키우는 일을 하다는 뜻이다.

金

龐
páng 클 방

甲

寵
chŏng 괼 총

金 면(宀)과 엄(广)은 모두 건축물을 나타내는 의미부인데, 이 두 글자가 용(龍)과 결합하여 건축물의 의미를 표현해 냈다. 하나는 회의구조이고, 다른 하나는 형성구조이다. 방(龐)은 높은 집이라는 의미인데, 용(龍)을 키우려면 넓고 큰 공간이 필요하기 때문이다. 총(寵)은 용(龍)이 독음을 표시하는 부호로 쓰였는데, 귀족의 집을 표현하는 데 쓰였다.

羊
yáng 양 양

甲 동물의 머리에 한 쌍의 굽은 뿔이 달린 모습이다. 가장 위쪽에서 두 개의 곡선으로 두 뿔을, 비스듬한 선으로

金 두 눈을 나타냈으며, 중앙의 직선은 콧등을 그렸다.

敦
dūn 도타울 돈

甲 향(享: 누리다)과 양(羊)의 조합으로 되었다. 향(享)은 기단이 있는 건물로, 많은 노동력을 들여 신의 영혼을 즐겁게 해주기 위해 건축되었다. 양(羊)은 고대사회에서 신의 영혼에게 바쳐진 중요한 희생물이었다. 이 단어의 창제의미는 바로 신의 영혼 앞에 바치는 양고기는 오랫동안 삶아 질기지 않고 연해야 한다는 데서 나왔다.

金

牛
niú 소 우

甲 소의 머리 모양을 그렸다. 몸통이 크고 튼튼한, 중국에서 가장 흔한 가축 중 하나인 포유류의 우제목(偶蹄目: 짝수의 발굽을 가진 부류)에 속하는 짐승이다.

金

牢
láo 우리 뢰

甲 입구가 좁은 우리에 갇힌 소나 양의 모습이다. 특별히 선택된 소나 양을 특수한 우리에서 사육하며, 그들에게는 조금이라도 청결하지 않은 사료는 먹이지 않았다. 이들은 제사에 사용될 특별한 희생으로 사용하기 위한 것이었고, 그렇게 한 것은 신에 대한 존중과 신중함의 표시였다.

金

牡
mŭ 수컷 모

甲 동물의 암수를 구분하는 것은 상나라 사회에서 중요한 일이었다. 갑골문에서는 수컷 동물을 표현할 때는 사(士)를, 암컷 동물을 표현하는 데는 비(匕)를 습관적으로 사용했다.

牝
pìn 암컷 빈

甲 우(牛)에다 사(士)나 비(匕)를 추가하면 소의 암수가 구분되어 하나는 수컷, 다른 하나는 암컷으로 구분된다.

象 xiàng 코끼리 상

甲 갑골문에서는 코끼리를 길고 구부러진 코를 가진 동물로 묘사하고 있다. 땅속에서 발굴된 자료에 의하면 코끼리 떼들이 중국의 여러 곳에서 오랫동안 살았음을 확인할 수 있다.

金

為 wéi 할 위

甲 한 손으로 코끼리의 코를 잡고서 어떤 일을 시키는 모습을 그렸다. 그 창제의미는 아마도 나무나 돌과 같은 무거운 물건을 운반하도록 길들여진 코끼리에서 왔을 것이다.

金

薦 jiàn 천거할 천

金 해치 한 마리가 풀숲에 숨어 있는 모습이다. 이 동물은 꼭두서니 풀(자리를 짜는 풀)을 먹고 산다. 그래서 '풀로 짠 자리'라는 뜻이 생겼다.

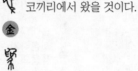

兕 sì 외뿔들소 시

甲 머리에 큰 뿔이 있는 동물을 그렸다. 갑골문에 의하면 한번에 40마리의 코뿔소를 잡았다는 기록이 있는데, 이는 코뿔소가 상나라에 여전히 많이 존재했던 야생 동물이었음을 분명하게 보여준다.

金

古

犀 xī 무소 서

金 코뿔소를 그린 상형자 시(兕)를 우(牛)가

篆 의미부이고 미(尾)가 소리부인 형성구조로 바꾼 글자이다.

廌 zhì 해치 치

甲 한 쌍의 긴 뿔을 가진 짐승을 측면에서 그린 모습이다. 글자의 형체로 볼 때, 치(廌: 해치, 해태)임에 분명하다. 해치(獬豸)는 고대 동물인데, 상나라 이후로 기온이 낮아져 남쪽으로 이동했고 결국 중국에서 사라졌다.

篆

解 jiě 풀 해

甲 해(解)는 양손으로 소뿔을 당기는 모습이다. 뿔은 고대에 매우 유용한 재료라서, 소의 뿔을 해체하던 것은 당시의 일반적인 일이었다. 그래서 '분해(分解)하다', '해석(解釋)하다' 등의 의미로 확장되었다.

金

(法) **灋** fǎ 법 법

金 치(廌: 해치)와 수(水: 물)(수평처럼 법이 공정함을 상징함)와 거(去: 가다)로 구성되었다. 전설에 의하면, 해치는 뿔을 사용하여 죄가 있는 사람을 들이 받는다고 한다.
그래서 죄가 있다고 의심되는 사람에게 해치를 데려갔을 때, 해치가 뿔로 그 사람을 받아버린다면 그 사람은 죄가 있는 것으로 여겼다고 한다. 그리하여 해치가 법을 상징하게 되었다.

慶 qìng 경사 경

甲 치(廌)와 심(心)이 조합된 모습이다. 짐승의 심장은 약효를 가졌거나 맛있는 음식으로 간주되었다. 그래서 그것을 얻는다면 축하하기에 충분하다는 의미이다.

金

羈 jī 굴레 기

甲 해치의 두 뿔이 밧줄에 묶여 있는 모습을 그렸다. 그 창제의미는 역참에서 수레를 끌거나 탈 것으로 사용되던 관공서용 해치에서부터 왔을 것이다. 밧줄을 사용하여 두 뿔을 묶어 표시를 해두어야만 일반 사람들의 해치와 혼동하지 않았을 것이고, 또 관용 해치를 더욱 소중히 여겼을 것이다.

유래를 품은 한자

1 동물

鹿
lù 사슴 록

甲 갑골문에는 록(鹿)자가 매우 많이 등장하는데, 머리에 한 쌍의 뿔이 있고 발굽이 달린 동물을 묘사하고 있음을 쉽게 알 수 있다. 측면에서 묘사했기 때문에, 네 발이 두 개로 그려졌으며, 이렇게 그리는 것은 다른 동물을 그릴 때에도 마찬가지였다.

麗
lì 고울 려

甲 사슴 류 동물은 머리의 뿔이 확대된 모습으로 매우 세심하게 그려졌다. 아름다움의 개념은 추상적인 것인데, 쌍으로 **金** 된 사슴의 뿔을 묘사함으로써 '아름다움'과 '화려함'의 의미를 표현해 내었다.

虎
hǔ 범 호

甲 날씬하고 긴 몸체, 입을 크게 벌리고 울부짖는 모습, 위로 세워진 두 귀를 가진 동물의 모습으로, 그것이 호랑이임을 쉽게 알아볼 수 있게 **金** 해준다.

(暴) 虣
bào 사나울 포

甲 낫처럼 생긴 창[戈] 하나가 호랑이를 마주하고 있는 모습이다. 무기를 사용하여 **金** 호랑이와 싸우는 모습으로, 이는 무식하고 거칠기 그지없는 행동이다. 멀리서 화살을 쏘거나 함정으로 사냥하는 것이 안전한 방법이다.

戲
xì 탄식할 희

金 호랑이 머리, 낫 창[戈], 그리고 등걸의자 등 3개의 성분으로 구성되어 있으며, 한 사람이 낫 창을 들고 등걸의자에 높이 앉은 호랑이를 찔러 죽이는 놀이를 연출하고 있다. 군대의 사령관도 높은 누대에서 명령을 내렸으므로, 이런 곳을 '戲臺(xìtái, 연극무대)'라고 하게 되었다.

虢
guó 범 발톱 자국 괵

甲 상나라와 주나라 때는 무기로 호랑이와 싸우는 공연뿐만 아니라 맨손으로 호랑이와 싸우는 스릴 넘치는 쇼가 **金** 있었다. 두 손으로 한 마리의 호랑이를 때려잡는 모습을 표현했는데, 이는 의심할 여지없이 청중들에게 더욱 흥미롭고 매력적이며 영웅적인 면모를 보여주었을 것이다. 괵(虢)은 지명으로, 상나라 때 호랑이 쇼로 유명했던 곳이다.

犁
lí 얼룩소 리

농경지에서 흙을 갈아엎는 쟁기를 그렸는데, 우(牛)자와 조합되어 있다. 두 개의 작은 점이나 세 개의 작은 점은 뒤집힌 흙덩이를 상징한다. '리우(犁牛: 쟁기질용 소)'라는 말은 소가 하는 기능에 의해 붙여진 이름임을 알 수 있다.

豕
 shǐ 돼지 시

살찐 몸통과 짧은 다리와 아래로 쳐진 꼬리를 가진 돼지를 옆에서 본 형상이다. 이것은 돼지의 일반적인 모습이다.

彘
zhì 돼지 체

화살이 돼지의 몸통을 관통한 모습이다. 화살은 사냥꾼이 쏜 것으로, 멧돼지는 사냥을 통해 얻은 야생 동물을 대표한다.

豖
chù 발 얽은 돼지걸음 축

거세된 돼지를 말한다. 성기가 거세되어 신체와 분리되어 있는 모습이다. 신체 외부의 작은 획은 생식기를 상징한다.

家
jiā 집 가

집안에서 한 마리 혹은 여러 마리의 돼지를 키우는 모습인데, 이것이 돼지를 키우는 일반적인 평민들의 가옥이었다. 금문부터 소전체에 이르기까지 자형은 기본적으로 바뀌지 않았다.

豚
tún 돼지 돈

돼지 한 마리와 고기 한 조각이 그려진 모습이다. 돈(豚)은 새끼 돼지를 말하는데, 새끼 돼지의 고기가 가장 부드럽고 맛이 있다. 그러나 크게 자라서 고기가 가장 많고 가장 경제적인 시점이 되어서야 도축된다. 평소에 새끼 돼지를 먹기 위해 죽이지는 않았다.

馬
mǎ 말 마

긴 얼굴, 흩날리는 긴 갈기털, 키 큰 몸을 가진 동물인 말을 그렸다.

犬
quǎn 개 견

개의 측면 모습을 그렸는데, 야윈 체형과 위로 쳐든 꼬리로 표현되었다.

獸
shòu 짐승 수

사냥용 그물과 개를 그렸는데, 둘 다 사냥에 필요한 도구이다. 이로부터 '사냥'의 의미를 표현했다. 이후 '야수(野獸: 길들여지지 않은 사나운 짐승)'에서처럼 그 의미가 포획한 대상에게까지 확장되었다.

器
qì 그릇 기

한 마리의 개(犬)와 네 개의 구(口)로 구성되었다. 개는 멀리서 낯선 사람이 오는 냄새를 맡으면, 연속적으로 짖어서 이를 주인에게 알린다. 네 개의 구(口)는 개가 연속해서 짖는 소리를 상징한다.

伏
fú 엎드릴 복

주인의 발아래에 누워있는 강아지의 모습을 그렸다.

경성대학교 한국한자연구소
HK+ 한자문명연구사업단 한자총서 04

유래를 품은 한자

01 동물

About Characters.

문자학자의 인류학 여행기

허진웅 저

하영삼·김화영 역

도서출판 3

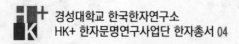

경성대학교 한국한자연구소
HK+ 한자문명연구사업단 한자총서 04

유래를 품은 한자 ❶ 동물

저자 허진웅(許進雄)
역자 하영삼·김화영
디자인 김소연
펴낸 곳 도서출판3

초판 1쇄 인쇄 2021년 1월 10일
초판 1쇄 발행 2021년 1월 15일

등록번호 제2018-000017호
전화 070-7737-6738
전자우편 3publication@gmail.com

ISBN: 979-11-87746-45-4 (93710)

This work was supported by the Ministry of Education of the Republic of Korea and the National Research Foundation of Korea (NRF-2018S1A6A3A02043693)

유래를 품은 한자
제1권
동물

허진웅 저
하영삼·김화영 역

목차

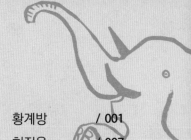

추천의 글

가장 신뢰할 수 있는 한자학 대중 시리즈

황계방(黃啟方)
(세신대학교 종신명예교수,
전 대만대학교 문과대학 학장, 전 국어일보사 회장)

문자의 발명은 인류사에서 중요한 사건입니다. "옛날 창힐이 문자를 만들자, 하늘에서는 곡식이 비 오듯 내렸고, 귀신은 밤을 새워 울었다."라는 기록처럼(『회남자』), 한자의 창제는 천지를 경동시키고 귀신을 놀라게 할 정도의 충격적인 일이었습니다. 현재 남아 있는 최초의 한자는 거북딱지나 짐승의 뼈에 칼로 새긴 갑골문(甲骨文)입니다.

갑골문은 고대의 매우 귀중한 문화 유물이지만 19세기 말(1899년)이 되어서야 비로소 발견되었습니다. 갑골문의 발견보다 183년 전인 1716년에 편찬된 『강희자전』에는 이미 5만 자 이상의 한자가 수록되어 있었습니다.

한나라 때의 허신(許愼)이 한자의 창제에 대해 '상형(象形), 지사(指事), 회의(會意), 형성(形聲), 전주(轉注), 가차(假借)'의 6가지 원칙으로 요약한 이후, 역대 왕조의 한자 학자들은 이에 근거해 한자의 형체와 독음 및 의미를 설명하기 위해 열심히 노력해 왔습니다.

그러나 한자의 창제와 관련된 문제는 대단히 복잡해, 허신의 6가지 원칙으로 모두를 포괄하여 설명하기는 어려운 게 사실입니다. 그래서 갑골문이 발견된 이후, 그간 이루어졌던 역대 학자들의 해석에 대해 새로운 검증이 이루어졌습니다. 물론 재검증과 새로운 해석의 조건을 갖추기 위해서는 갑골문에 대한 특별한 연구 성과가 필요한데, 허진웅(許進雄) 교수는 오늘날 이 방면에서 가장 뛰어난 학자 중의 한 분입니다.

허진웅 교수의 한자에 대한 예리한 감각은 생각지도 않게 우연히 발견되었습니다. 그는 어느 날 한 서점의 서가에 놓여있던 청나라 학자 왕념손(王念孫)의 『광아소증(廣雅疏證)』을 읽자마자 곧바로 흥미를 느끼기 시작했고, 이를 계기로 한자연구의 세계에 들어서게 되었습니다.

1960년 가을, 허진웅 교수는 국립대만대학의 중문학과에 입학했습니다. 당시 2학년 필수과목이었던 '한자학' 때문에 대부분의 학생들이 골머리를 썩고 있었을 그때, 그는 고학년 과목이었던 '고대 문자학'은 물론 대학원에 개설된 '갑골학(甲骨學)' 과목을 청강하였을 정도였습니다.

당시 대만대학 중문학과에서 이 영역을 강의했던 교수진으로, 이효정(李孝定), 김상항(金祥恆), 대군인(戴君仁), 굴만리(屈萬里) 교수 등이 계셨습니다. 당시 대단한 학자들이셨던 그들 모두가 이 특이한 학생에게 특별한 관심을 기울였습니다. 허진웅 교수의 첫 번째 논문이 「은 복사에 나타난 5가지 제사에 대한 연구(殷卜辭中五種祭祀的研究)」였는데, 이는 갑골문자에 근거해 상 왕조의 의례 시스템을 연구한 것입니다. 그는 동작빈(董作賓) 교수와 일본 학자 시마 쿠니오(島邦男)의 이론에 의문을 제기하고 은상 왕조의 왕위 계승에 관한 새로운 계보를 제안하여, 한자학계를 놀라게 하기도 했습니다. 그런 다음 그는 갑골에 남겨진 드릴링 패턴인 찬조(鑽鑿) 형태를 충분히 분석하여 『갑골문의 찬조 형태 연구(甲骨上鑽鑿型態的研究)』를 완성했습니다. 이는 갑골문자 형성의 기초에 대한 직접적인 논의로, 오늘날 갑골학계에서 그 학술성을 완전히 인정받았습니다. 또한 중국 안양박물관의 갑골문 전시 센터에서 선정한 지난 1백 년 동안 갑골학에 기여한 25명 중의 한 사람으로 뽑히기도 했습니다.

허진웅 교수는 1968년 굴만리(屈萬里) 교수의 추천을 받아, 캐나다 토론토에 있는 로열 온타리오 박물관(Royal Ontario Museum)의 극동부 연구원으로 근무했으며, 그곳에 소장되어 있던 상나라 갑골의 정리 책임자로 일했습니다. 그의 뛰어난 성과로 인해 그는 곧 연구조교, 조교 연구원, 준 연구원 등을 거쳐 연구원으로 승진했습니다. 박물관에서 20년 동안 일하면서 그는 중국 문화유물의 수집 및 전시 활동에도 참여를 많이 하여, 고대의 중국 문물에 직접 접촉할 수 있는 풍부하고도 실제적인 경험을 가질 수 있었습니다. 이러한 경력은 그로 하여금 중국문자학과 중국 고대사회연구에 큰 장점을 발휘하게 하였으며, 한자학과 고대사회연구를 서로 보완하여 더욱 훌륭한 성과를 낼 수 있게 하였습니다.

고대한자를 이야기하면서, 고대사회와 고대 문화유적에 대한 연구에 뿌리가 없어서는 안 될 것입니다. 허진웅 교수는 고대한자에 대한 정확한 분석, 고대한자의 원시의미와 그것의 변화에 대한 해석 등에서 방대한 증거와 논증을 동원하여, 근거를 가진 매우 창의적인 해석을 해왔습니다. 한번은 허진웅 교수가 이렇게 설명한 적이 있습니다. "대문구(大汶口)에서 출토된 상아로 만든 빗을 소개할 때, 갑골문의 희(姬)자를 들어서 헤어 액세서리와 귀족의 신분 관계에 대해 이야기했었습니다. 또 동주 왕조의 연꽃 꽃잎 모양의 뚜껑이 달린 청동 호리병에 대해 이야기하면서 뚜껑의 술 거르는 필터가 특수하게 설계되었음을 언급했었습니다. 그런가 하면 금(金)나라의 나무로 조각된 채색 관세음보살상을 소개하면서 관세음보살의 전설과 신앙을 소개하기도 했습니다."

그는 또 미(微)자에 대해 갑골문, 양주 시대의 금문, 진나라 때의 소전으로부터 현대의 해서에 이르기까지의 자형 변화에 근거하고, 또 "미(微)는 희미하다, 몰래 가다는 뜻이다(微, 眇也, 隱行也)"라는 『설문해자』의 해설에 담긴 의미를 다시 해석하여, 사람들의 의표를 찌르는 전혀 예상치 못한 의견을 제시했습니다. 즉 "미(微)는 맹인이나 힘이 약한 노인을 살해하던 고대의 장례 관습을 반영했으며", 이런 장례 관습은 근세에 이르기까지도 일본에 여전히 존재했다고 했습니다. 유명한 「나라야마 부시코(楢山節考)」는 이러한 관습을 탐구한 일본 영화입니다. 허진웅 교수의 논리적인 설명은 갑골문과 고대사회사 연구에서 그의 독창성과 정교한 견해를 잘 보여준다 하겠습니다. 그의 책을 읽은 독자들은 감탄이 저절로 나올 것입니다.

허진웅 교수는 대학에서의 강의는 물론 각종 웹 사이트에 연재한 기사 모두 상당히 큰 인기를 끌었습니다. 그의 친구인 양혜남(楊惠南) 교수가 인터넷에서 '은허검객(殷墟劍客, Yinxu Swordsman)'이라는 필명으로 '은허서권(殷墟書卷, Yinxu Book Scroll)'이라는 블로그를 개설하도록 독려했으며, 네티즌의 빗발치는 요구에 따라 133개 한자의 창제의미와 자형 간의 의미를 설명하기도 했습니다. 이러한 글들은 섭렵된 내용이 광범위할 뿐 아니라 또 재미있고 말랑말랑하게 쓴 글이어서 독자들의 큰 반향을 얻었습니다.

'유래를 품은 한자' 시리즈는 허진웅 교수의 저작 중 가장 특별한 책입니다. 그 이유 중 첫 번째는 이 총서가 체계성을 가지고 전체적으로 설계되었기도 하고 또 동물, 전쟁과 형벌, 일상생활, 기물 제작, 인생과 신앙 편 등으로 나뉘어져 있어 독자들이 주제별로 고대한자와 고대사회의 삶의 관계를 이해할 수 있기 때문입니다. 두 번째는 이 책이 국내에서는 대중들을 위해 중국의 철학, 인류학 및 사회학 연구를 융합한 최초의 한자학 총서이기 때문입니다. 세 번째는 허진웅 교수가 국내외의 존경받는 한자학자임에도 불구하고, 세상과 단절된 상아탑의 강의실에서 벗어나 독자들에게로 다가갈 수 있게 간략하면서도 흥미롭게 한자를 기술하였기 때문입니다. 이 시리즈는 엄격한 학문적 연구와 텍스트 연구를 통한 결과물이며, 고상함과 통속성이라는 두 가지 토끼를 모두 잡을 수 있도록 해주고 있습니다. 이 저작을 통해 한자에 대한 흥미로운 면면을 다시 인식하게 만들 것이라 믿습니다.

아울러 허진웅 교수의 학문적 성취와 업적들을 모든 독자들이 신뢰할 수 있을 것이라 확신합니다.

서문

한자의 변화에는 관찰할 수 있는 흔적이 숨어 있다.
한자의 융통성과 공시성(共時性)

허진웅(許進雄)

저는 캐나다의 로열 온타리오 박물관에서 은퇴한 후 대만으로 다시 돌아와 대학의 중국학과에서 강의를 했는데 사실은 이미 정규직을 은퇴한 상태였습니다. 원래는 먹고 노는 재밋거리로 시작하였기에 아무런 스트레스도 없었습니다. 그런데 저의 친구인 황계방(黃啟方) 교수가 뜻하지도 않게 필자를 『청춘공화국』이라는 잡지에 추천하여 청소년들을 대상으로 한자에 담긴 창의적 생각을 매월 한 편씩의 글로 쓰게 하였습니다. 처음에는 이 일이 매우 간단하고 쉬운 일인 줄 알았습니다. 그러나 몇 편의 글이 나가자 뜻밖에도 풍계미(馮季眉) 회장께서 같은 성격의 대중적인 한자학 총서를 저술하여 고대한자와 관련된 사회적 배경을 범주별로 소개하는 게 어떻겠느냐고 제안했습니다.

필자는 일찍이 『중국고대사회』(한국어 번역판, 홍희 역, 동문선, 1991)를 출판한 적이 있습니다. 이 책도 한자를 관련 주제와 범주로 나누어 고대 중국사회의 몇몇 현상에 대해 논의하고, 관련 고대 한자를 소개하였기에, 이를 바탕으로 새로운 자료를 추가하고 재편집한다면 대체로 기대에 부응할 수 있을 것이라고 생각했습니다. 그래서 선뜻 동의해버리고 말았습니다. 지금 그 첫 번째 책이 완성되었으므로, 이 기회를 빌려 '한자가 갖고 있는 융통성과 공시성'을 이 책을 읽기 위한 지침으로 활용하고자 합니다.

중국은 아주 이른 시기부터 문자를 가지고 있었습니다. 처음에는 죽간(竹簡)을 일반적인 서사 도구로 사용했는데, 이러한 죽간은 오랜 세월 동안 땅속에서 보존되기가 쉽지 않기에 발견될 때 이미 부식되고 썩어버렸습니다. 그래서 지금 볼 수 있는 것들은 거북이 껍질 또는 짐승의 어깻죽지 뼈에 새겨진 갑골문이나 일부 주조된 청동기에 새겨진 명문들과 같이 모두가 잘 썩지 않는 재료들입니다. 갑골문자가 절대 다수를 차지하였기 때문에 모두 갑골문이라는 이름으로 상 왕조의 문자를 통칭합니다. 상 왕조의 갑골문의 중요성은 하나는 그 시기가 이르다는 것이고, 다른 하나는 수량이 많아서 한자의 창의성을 탐구하는 데 없어서는 안 될 자료라는데 있습니다. 이와 동시에, 그것들은 상 왕실의 점복 기록으로, 상나라 왕 개인은 물론이고 나라를 다스리면서 마주했던 여러 가지 문제를 포함하고 있기에, 상나라 최고 정치 결정과 관련된 진귀한 제1차 사료이기도 합니다.

상 왕조의 갑골문에서 한자의 자형 구조는 그림의 단순화, 필획의 수 또는 구성성분의 배치 등에 제한을 두지 않고 의미의 표현에 중점을 두었습니다. 그래서 자형의 변이체가 다양하게 존재합니다. 예컨대, 물고기를 잡는다는 뜻의 어(魚)자를 갑골문에서는 ❶(물속에서 물고기가 헤엄치는 모습), ❷(낚싯줄로 물고기를 낚는 모습), ❸(그물로 물고기를 잡는 모습) 등 창의적 모습으로 다양하게 표현하고 있습니다.

또 다른 예로는, 출산을 뜻하는 육(毓)(=育)자의 경우, 갑골문에서 두 가지 다른 독창적인 구조가 보입니다. 하나는 임산부가 피를 흘리며 아기를 낳는 모습이고❹, 다른 하나는 아기가 이미 자궁 밖으로 나온 모습(,) 입니다. 앞의 자형의 경우도 다시 어머니가 머리에 뼈로 만든 비녀를 꽂았는지( ) 그러지 않았는지( )의 구분이 존재합니다. 심지어 자형이 대폭 생략되어 여성이 남성처럼 보이기도 했으며( ), 심한 경우에는 아이를 낳는 여성을 아예 생략해 버린 경우도 있고, 또 어떤 경우에는 한 손으로 옷을 잡고서 신생아를 감싸는 모습( )이 그려지기도 했습니다.

게다가 아기가 자궁 밖으로 미끄러지는 자형의 경우에도 두 가지의 위치 변화가 존재합니다. 그러나 육(毓)(=育)자의 자형에 많은 변화가 있었다고 해도 이 글자가 표현한 창제의미만 이해한다면 이들 이체자에 대한 이해는 충분히 가능합니다.

❶

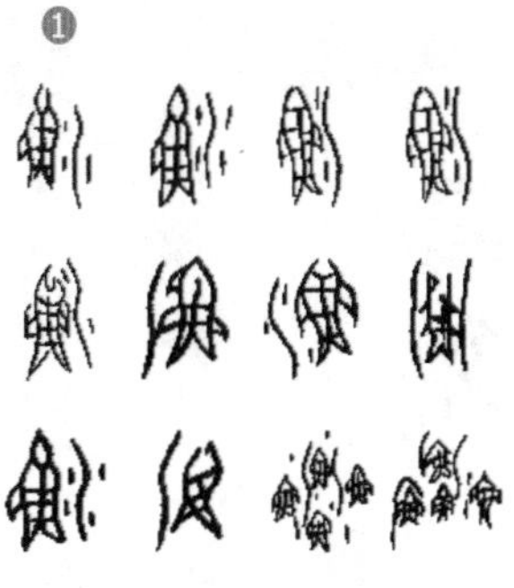

❷

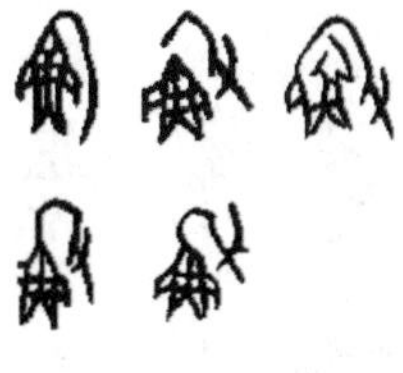

❸

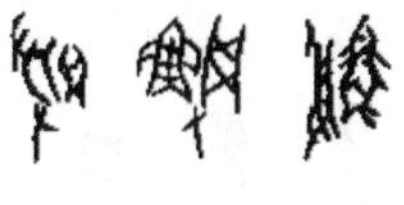

갑골문은 절대 다수가 칼로 새긴 것이기 때문에, 그 영향을 받아서 둥근 필획은 종종 네모나 다각형의 모양으로 새겨집니다. 이 때문에 그림에 가까운 청동기의 명문만큼 흥미롭지는 않습니다. 예컨대, 어(魚)자의 경우, 초기 금문❺의 자형이 갑골문보다 훨씬 사실적입니다. 상나라 때의 갑골문자는 2백여 년 동안의 상나라 왕실의 점복 기록입니다. 그래서 사용 환경과 장소가 제한적이며 사용 기관도 특정적입니다. 그 때문에 각 시대의 서체 스타일 특성은 비교적 쉽게 이해할 수 있습니다. 그리고 시기 구분에 대한 엄격한 표준도 이미 마련되어 있어, 각각의 갑골 편에 대한 시대를 결정하는 것은 어렵지 않습니다. 이러한 점은 한자의 변화 추이와 제도 및 관습의 진화 등과 같은 다양한 문제를 탐구하는 데 매우 편리하고 유익합니다.

모든 민족의 언어는 발생에서 지금까지 줄곧 천천히 변화해 왔습니다. 알파벳 체계를 사용하는 문자의 경우, 종종 언어의 변화를 반영하기 위해 철자법을 변경하는 바람에 고대부터 현대에 이르기까지 언어의 여러 단계가 전혀 관계없는 완전히 다른 언어처럼 보이게 되었습니다. 발음의 변화는 개별 어휘에 반영될 뿐만 아니라 때때로 문법 구조를 변화시키기 때문에, 같은 언어 체계의 여러 방언이 의사소통을 할 수 없을 정도로 완전히 다른 경우도 있습니다. 그래서 특별한 훈련 없이는 1백년만 지난 문자라 해도 전혀 이해할 수가 없습니다. 그러나 중국의 한자는 글자와 어휘의 발음과 외형이 크게 바뀌었지만 수천 년 전의 문서라 하더라도 그것을 읽어내는 것은 어렵지 않습니다. 이것이 한자의 큰 특징 중의 하나입니다. 이러한 특징은 고대의 중국 문화에 관심 있는 사람들에게 큰 편의를 제공해 줍니다.

　　서구 사회가 알파벳의 길을 택한 것은 분명 그 언어의 본질에 영향을 받았을 것입니다. 서구 언어는 다음절 시스템에 속하여 몇 가지 간단한 음절을 조합하여 다양한 의미의 어휘를 쉽게 만들 수 있습니다. 음절이 많고 가능한 조합이 다양하기 때문에 여러 음절을 사용하여 오해 없이 정확한 의미를 표현할 수 있습니다. 이것이 서구어의 장점이자 편리한 점입니다. 그러나 중국어는 단음절에 치중되어 있어 발화할 수 있는 음절이 제한되어 있습니다. 만약 많은 단음절로 된 음표 기호로써 의미를 표현할 경우 의미가 혼동되는 문제에 직면하기 때문에, 알파벳의 길을 걷지 않고 지금처럼 의미를 표현하는 형태로 자연히 발전할 수밖에 없었습니다.

한자는 음성기호를 사용하여 의미를 나타내지 않기 때문에, 글자의 형체 변화는 언어의 진화와 직접적으로 관련이 없습니다. 예를 들어, 대(大)자를 진(秦)나라 이전 시대에는 /dar/로, 당송 왕조에서는 /dai/로 읽었으며, 오늘날의 표준어에서는 /da/로 읽습니다. 또 목(木)자의 경우, 진(秦)나라 이전 시대에는 /mewk/으로 읽었고, 당송 왕조에서는 /muk/으로 읽었으며, 오늘날에는 /mu/로 읽습니다.

자형을 보면, 옛날을 뜻하는 석(昔)자의 경우, 갑골문에서는 ❻과 같이 표현했는데, 홍수를 걱정거리로 생각하던 시절이 이미 '지난날'의 일이 되었다는 의미입니다. 상나라 후기에 이르면 홍수를 제어하는 기술이 향상되어 홍수가 더 이상 주요 재난이 아니게 되었으므로, 석(昔)이 이제는 지나가버린 '과거'의 시간대를 표현하는 데 사용되었던 것입니다.

주나라 때의 금문(金文)의 경우에도 ❼처럼 다양한 형상이 표현되고 있습니다. 진(秦)나라에서 한자가 통일되고, 소전(小篆)이 고정된 자형(昔)이 됩니다. 한나라 이후에는 더욱 진일보하게 필세를 바꾸어 예서(隸書)와 해서(楷書) 등이 등장하여 지금의 석(昔)자가 되었습니다.

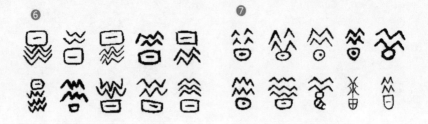

❻　　　　　　　　　　❼

수천 년 동안 한자는 그림과 같은 상형 문자에서 지금처럼의 매우 추상적인 구조로 진화했지만, 자형의 진화는 추적 가능하고 약간의 훈련만으로도 인식해낼 수가 있습니다. 융통성과 공시성은 한자의 가장 큰 특징입니다. 개별 한자에는 수천 년에 걸친 글자 형태에 대한 모든 종류의 변화가 포함되어 있을 뿐만 아니라, 수천 년 동안 각기 다른 시대와 다른 지역에서 존재했던 다양한 독음 정보도 내포되어 있습니다. 약간의 연구만으로, 우리는 상나라 이래로 3천년 이상 이어진 문헌을 읽어낼 수 있습니다. 뿐만 아니라 당(唐)나라에서 그 단어들이 어떻게 발음되었던지 상관없이 그들이 쓴 시를 이해할 수도 있습니다.

　마찬가지로, 지역이 다른 방언은 서로 대화할 수는 없었지만, 그 시대의 문자 형상은 일치했기 때문에 글을 써서 서로 소통할 수 있었습니다. 중국은 영토가 넓고, 지역도 종종 큰 산과 강으로 막혀 있으며 민족도 매우 복잡하지만, 공통된 인식을 가지고 있으면서 식별 가능한 그룹으로 융합될 수 있는데, 이러한 특별한 언어적 특성이 중요한 요소인 건 분명합니다. 한자는 겉보기에는 매우 복잡하여 배우기 어려워 보이지만 실제로 한자를 만들 때는 일정한 규칙이 존재하여 유추가 가능하고 일관된 논리를 가지고 있으므로 억지로 외울 필요가 없습니다. 특히 한자의 구조는 끊임없이 변화하여 필획은 우아하고 아름다우며 스타일은 독특합니다. 이로 인해, 알파벳 필기 시스템의 문화와 비교할 수 없는 높은 수준의 독특한 서예 예술을 형성하게 되었습니다.

세계의 오래된 고대 문명에서 존재한 표의문자는 그 시대의 사회적 모습을 이해할 수 있게 해줍니다. 이러한 문자들은 회화성이 매우 강하기 때문에 당시에 존재했던 동물과 식물뿐만 아니라 사용된 도구에 대해서도 정보를 제공해줄 수 있습니다. 또한 종종 문자를 만들 당시의 구상과 이를 통해 의미를 표현하고자 했던 사물의 정보를 엿볼 수 있게 해 줍니다. 한 글자의 진화 과정을 추적할 때 때로는 고대 기물의 사용 정황, 풍속과 관습, 중요한 사회 제도, 가치 개념과 수공예의 진보 등과 같은 여러 가지 흔적을 살펴볼 수 있습니다. 서구의 초기 문자에서는 음절로 언어를 표현하는데 치중했기 때문에 이미지로 표현한 글자가 매우 적습니다. 이 때문에 고대 사회의 동태를 탐구하는 데 사용할 수 있는 자료가 거의 없습니다. 그러나 중국의 경우 언어의 주체가 단음절이므로 동음어 간의 혼동을 피하기 위해 형상을 통해 추상적인 개념을 표현했고, 생활의 경험과 연관성을 사용하여 문자를 만들었습니다. 이 때문에 한 글자의 창제의미를 이해하기만 하면 글자 창조 당시의 사회적 배경과 삶의 경험을 상당 부분 이해할 수 있습니다.

『유래를 품은 한자』
한국어판 출판에 붙여

허진웅(許進雄)

대만 자무(字畝)출판사에서 출판한 『유래를 품은 한자』 시리즈(8책)는 주로 개별 고대한자를 대상으로 이에 담긴 창의성과 한자에 반영된 사회적 배경을 소개하기 위한 것입니다. 이 때문에 여기에는 여러 학과와 관련된 주제가 많이 포함되어 있어, 중문학과 출신인 저로서는 원래부터 관련 정보를 충분히 이해할 수 있는 것이 아니었습니다. 그런데도 감히 이런 책을 쓰게 된 것은 제가 어떻게 해서 60년 한 평생 내내 한자의 창의성과 관련된 지식을 연구하는 데 특별히 관심을 가져왔는가에 대한 이유와 관련되었다고 이해해 주시기 바랍니다.

저는 고등학교 3학년 때 우연히 왕념손(王念孫, 1744~1832)이 주석을 단 『광아소증(廣雅疏證)』이라는 책을 읽게 되었고, 책의 제1장의 해석에 다음과 같은 문장이 포함되어 있었습니다. "건(乾), 관(官), 원(元), 수(首), 주(主), 상(上), 백(伯), 자(子), 남(男), 경(卿), 대부(大夫), 영(令), 장(長), 용(龍), 적(嫡), 낭(郞), 장(將), 일(日), 정(正)은 모두 임금[君]이라는 뜻이다." 저는 왜 이렇게 다양한 글자들이 동일한 의미를 갖는지 궁금했습니다.

일부 글자의 용법은 알고 있었지만 잘 모르는 글자들도 있었습니다. 그래서 그 책을 사가지고 돌아와 읽었습니다. 몇 번이고 읽은 후, 이 글자들은 원래 다른 의미를 가지고 있었지만 사용되는 상황에 따라 비슷한 의미를 가질 수 있다는 점을 알게 되었고, 그것이 저에게 한자에 대한 신비함을 느끼도록 해 주었습니다. 한자 지식에 대한 열망으로 왕인지(王引之, 1766~1834)의 『경전석사(經傳釋詞)』와 『경의술문(經義述聞)』, 유월(俞樾 1821~1907)의 『고서의의거례(古書疑義擧例)』 등과 같은 책들을 계속해서 읽게 되었습니다. 그러한 일념 때문에 저는 이후 대학에 진학하면서 중문과를 선택하게 되었습니다.

1960년, 제가 대만국립대학에 입학한 첫해 때였습니다. 제가 갑골문을 연구하시는 김상항(金祥恆, 1918~1989) 교수님을 뵈었을 때, 교수님께서는 막 창간한 『중국문자(中國文字)』라는 저널을 한 권 주셨습니다. 그에 실린 논문 중에서 교수님께서 쓰신 「호(虎)에 대한 해석[釋虎]」이라는 글이 있었습니다. 거기에서 호(虎)자의 갑골문 자형은 호랑이의 모습을 그렸는데, 이후 다양한 변화를 거쳐 점차 지금의 호(虎)자와 예서체 및 초서체 등의 자형으로 변했다고 했습니다. 이 논문을 읽고 나서 저는 큰 영감을 얻었습니다. 한자의 창제의미를 정확하게 이해하려면 현재까지 발견된 최초의 한자인 상나라 때의 갑골문에서부터 시작해야 한다는 것을 알게 되었습니다. 왜냐하면 이후 글꼴은 변화가 너무 심해 원래의 창제의미를 살펴볼 방법이 없기 때문입니다. 그때부터 저는 혼자서 갑골문을 공부하기 시작했습니다.

대학 2학년 때, 문자학 강의를 맡으셨던 이효정(李孝定, 1918~1997) 교수님께서는 갑골문 연구자이셨습니다. 교수님께서는 제가 갑골문을 어느 정도 알고 있다는 것을 아시고서는, 2학기가 끝나갈 무렵 저에게 미국의 한 기관에서 대만에다 중국 동아시아 학술연구 기금회를 설립했다는 정보를 알려주셨습니다. 그리고 거기서는 인기 없는 주제에 대한 학생들의 연구 참여의지를 높이기 위해 충분한 거액의 장학금을 제공하고 있고, 그중 하나의 정원이 갑골문 연구자에게 제공된다고 하셨습니다. 교수님께서는 제가 지원하도록 추천해 주셨지만, 이는 연구 논문 작성에 한정된 지원이라고 하셨습니다. 저는 선생님의 지시에 따라 연구주제를 "상나라 제사 복사 연구[商代祭祀卜辭的研究]"로 설정하여 신청하게 되었으며, 뜻하지도 않게 장학금을 받게 되었습니다.

대학 3학년이 되면서 그 논문을 쓸 연구 자료를 수집하기 시작했습니다. 김상항 교수님께서도 당신의 연구실에 자리를 마련해 주셨기 때문에 자연스럽게 저의 연구 관점을 교수님께 여쭈어 볼 기회도 갖게 되었습니다. 교수님께서는 연구 내용 중에서 우선 통찰력 있는 내용을 뽑아 『중국문자(中國文字)』에 발표하라고 격려해 주셨습니다. 1963년 6월, 『중국문자』 제12집에 저의 첫 학술논문인 「어(御)에 대한 해석[釋御]」이 실렸습니다. 저의 연구를 통해 갑골문의 어(御)자가 사실은 비슷한 모양을 가진 두 개의 다른 글자임이 밝혀졌습니다. 하나는 '제거'와 '저항'의 의미를 가지고 있고, 다른 하나는 '전차나 말을 몰다'는 의미를 가지는 것이었습니다. 그리하여 '자용(茲用)'과 '자어(茲御)'의 의미가 같다는 호우선(胡厚宣, 1911~1995) 교수의 견해에 의문을 제기했던 것입니다. '자용(茲用)'은 소위 조측(兆側) 각사로, 이번에 친 점괘가 채택되었음을 의미하고, '자어(茲御)'는 점을 친 결과에 관한 험사(驗辭)로서 전차나 말을 사용한 사냥을 통해 각종 소득이 있었음을 기록하였던 것입니다.

동아시아 학술장학기금을 지원받은 논문을 작성하면서 얻은 가장 큰 성과는 주제(周祭)(이전에는 '5종 제사(五種祭祀)'라고 불렸음)에 대한 성과였습니다. 주제(周祭)에 대한 연구는 저 이전의 경우, 동작빈(董作賓, 1895~1963) 선생님과 시마 쿠니오(島邦男, 1908~1977) 선생 두 분이 가장 대표적이었는데, 두 분의 연구 결과는 비슷하지만 조금 차이가 있었습니다. 저는 이를 다시 탐구하고 증거를 찾아내어 두 선생님께서 추론한 주제(周祭)의 제사 목록을 비롯해 시작 제사의 그룹을 새롭게 수정했습니다. 그리고 이를 『중국문자』제22집에다 「갑골복사의 5종 제사의 '첫 제사'에 관한 논의[甲骨卜辭中五種祭祀祀首的商討]」라는 제목으로 발표했습니다. '5종 제사'는 상나라 왕의 조상들에게 5가지로 구성된 제사, 즉 익(翌), 제(祭), 재(載), 협(劦), 융(肜) 제사 등을 연속해서 거행하는 것을 말합니다. 이들 제사 중 어느 것이 먼저 오는지를 알아내야 했습니다. 동작빈 선생께서는 제사를 드릴 때, 북을 사용한 음악이 들어가는 융(肜)제사가 제일 먼저이고, 그 다음이 춤이 들어간 익(翌)제사, 그리고 마지막으로 음식을 올리는 제(祭)제사, 재(載)제사, 협(劦)제사로 마무리한다고 했습니다. 그래서 그가 정한 순서는 융(肜), 익(翌), 제(祭), 재(載), 협(劦)제사의 순이었습니다.

그러나 일본의 시마 쿠니오(島邦男) 교수는 첫 번째 제사는 대규모로 거행되었고, 제(祭)제사 그룹에 재(載)제사와 협(劦)제사가 포함되며, 규모도 가장 성대하다고 했습니다. 그래서 주제의 순서는 제(祭), 재(載), 협(劦), 융(肜), 익(翌)제사가 되어야 한다고 했습니다. 이 두 가지 주장은 모두 주관적인 설정으로, 이를 뒷받침할 만한 증거는 없었습니다.

제가 발견한 두 편의 갑골 복사에서 그 순서는 익(翌), 협(劦), 융(肜)제사로 되었으며, 게다가 익(翌)제사 그룹과 제(祭)제사 그룹으로 되어 있었습니다. 제(祭)제사 그룹과 융(肜)제사는 연이어져 있었지만, 융(肜)제사 그룹과 익(翌)제사 그룹 사이에는 시간적 간격(10일, 旬)이 존재했습니다. 이는 한 제사 사이클과 다음 제사 사이클 사이에 간극이 존재했음을 분명히 보여주었습니다. 그래서 5종 제사의 순서는 익(翌), 제(祭), 재(載), 협(劦), 융(肜)제사의 순이 되어야 된다고 생각했습니다. 이 논문이 발표된 이후 대부분 정확한 견해로 인정되어 더 이상의 의견 차이는 존재하지 않게 되었습니다. 그리고 이를 이어서 『중국문자』제24집에 「5종 제사의 제사 주기와 순서[五種祭祀的祀周和祀序]」라는 논문을 발표했습니다.

년대와 달과 날짜가 기록된 제사 관련 갑골 각사에 근거해 복원한 제사 계보로부터 '사(祀)'가 왕의 재위 연수를 지칭하는 것이지 제사의 주기를 나타내는 단위가 아니라는 사실도 발견할 수 있었습니다. 그리고 제사의 관습에 근거해 어머니가 아들을 중히 여긴다는 요점(母以子貴)을 알게 되었고, 선왕(先王)과 선비(先妣)에 대한 제사 계보 내용을 복원하여, 『사기(史記)』의 일부 내용을 수정하기도 했습니다. 상나라 당시에 모든 선왕(先王)과 선비(先妣)에 대한 제사가 한 바퀴 돌아 끝나는 주기는 정상적인 경우 36순(旬)(1순은 10일)이었으며, 약 2년마다 37순의 주기가 돌아왔습니다. 이상의 몇몇 이론적 토대를 바탕으로 저는 주제를 확장하여 석사 논문인 「은 복사에 나타난 5종 제사 연구(殷卜辭中五種祭祀的硏究)」를 작성하게 되었습니다.

1968년, 대만중앙연구원(Academia Sinica) 역사언어연구소의 이제(李濟, 1896~1979) 교수와 저의 지도교수인 굴만리(屈萬里, 1907~1979) 교수께서 캐나다 토론토 대학의 요청에 답하여 저를 토론토의 로열 온타리오 박물관(Royal Ontario Museum)에서 소장하고 있던 멘지스(James Mellon Menzies, 明義士, 1885~1957) 수집 갑골을 정리하도록 추천해 주셨습니다. 이 기회를 통해 저는 저의 지평을 넓힐 수 있었고 여러 방면의 지식을 습득할 수 있었습니다.

제가 박물관에서 근무하는 과정에서 이룬 가장 중요한 발견은 찬조(鑽鑿: 단단한 갑골을 불로 지져 금이 잘 나도록 미리 움푹하게 파낸 둥글고 세로로 길쭉한 홈)를 사용하여 갑골의 시기를 구분한 것입니다. 동작빈(董作賓) 선생께서 갑골의 연대 측정 사례 연구를 발표하면서 갑골의 연대 측정에 활용할 10가지 표준을 요약하여 제시한 바 있습니다. 그러나 특정 유형의 갑골(소위 말하는 퇴조(堆組) 복사, 혹은 왕족(王族) 복사나 다자족(多子族) 복사 및 역조(歷組) 복사라고도 불림)의 시기에 대해 학자들은 두 가지 의견을 가지고 서로 대치하였습니다. 제가 발견한 찬조(鑽鑿) 패턴은 시기 구분에서 추가적인 기준을 제공하게 되었으며, 이는 이런 분쟁을 해결하는 데 도움이 될 수 있었습니다. 은허(殷墟) 유적에서 발굴된 갑골은 불로 지져 운세를 예견하는 금을 잘 드러낼 수 있도록 하기 위해, 갑골의 뒤쪽에다 찬조(鑽鑿)라고 불리는 움푹한 홈을 팠습니다. 일반 학자들은 실제 갑골 편을 보지 못했으며, 설사 보았던 학자라 하더라도 장기적으로 접촉하지 않았기 때문에, 시기가 서로 다른 갑골에 새겨진 찬조(鑽鑿) 패턴의 차이를 발견할 수 없었으며, 그로 인해 이런 찬조(鑽鑿) 패턴이 갑골의 시기 구분과 연관될 수 있다는 것을 예상하지 못했습니다.

제 같은 경우는 갑골의 탁본 작업을 마치고 난 이후, 정리하는 과정에서 갑골의 뒷면에 있는 형상을 관찰할 수 있었습니다. 일정 시간 동안 정리하면서, 저는 시기가 다른 갑골의 찬조(鑽鑿) 패턴에 다른 습관이 있다는 것을 점차 느낄 수 있었습니다. 그래서 세밀하게 관찰한 결과 찬조(鑽鑿) 패턴이 갑골의 시기구분에 실제로 도움이 된다는 것도 확인할 수 있었습니다. 이로써 저는 『중국문자』 제37집(1970.09)에다 「찬조(鑽鑿) 패턴이 갑골 시기구분에서 갖는 중요성[鑽鑿對卜辭斷代的重要性]」을 발표하였으며, 이것이 이후 쓰게 된 일련의 시리즈 논문 중 첫 논문이 되었습니다. 나중에 미국, 일본, 영국, 대만의 중앙연구원 등에 소장된 많은 갑골들의 찬조(鑽鑿) 패턴을 그림으로 그리고 자세히 관찰하여 박사 학위 논문을 완성했습니다. 찬조(鑽鑿) 형태의 관점에서 보면 원형의 조(鑿)가 다른 것 보다 크고 기다란 모양의 찬(鑽)을 포함한 예가 제1기 갑골에서 출현하는데, 둥근 모양의 조(鑿)는 제1기 갑골과 제4기 및 왕족(王族)복사에서만 보입니다. 그리고 긴 모양의 찬(鑽) 곁으로 둥근 조(鑿)가 있는 형태는 기본적으로 제1기 갑골에서만 보입니다. 왕족 복사의 찬조 형태도 제4기와 제5기와 비슷하였습니다. 복골의 아랫부분 표면에 길 모양의 조(鑿)는 제3기와 제4기 및 왕족 복골에서만 나타나고 있었습니다.

길이가 1.5센티미터를 넘는 조(鑿)는 문무정(文武丁) 시기와 왕족 복골에서만 나타났습니다. 이상의 여러 특징에 근거해 저는 제4기에 출현하는 소위 왕족 복사와 역조(歷組) 복골은 동일 시대의 현상임이 분명하며, 이 때문에 동작빈 선생께서 내렸던 결론을 지지할 수 있었습니다. 그로부터 수 년 이후 중국에서는 소둔(小屯) 남쪽 지역과 마을 가운데 및 중여촌(中與村)의 남쪽 등에서 두 차례에 걸친 대규모 과학적 발굴이 이루어졌는데, 지층의 퇴적이 제가 추정했던 찬조 형태의 변화 순서와 일치했기 때문에, 다른 학자들도 저의 시기구분 견해를 지지하기 시작했습니다.

　박물관에서 갑골을 정리하는 과정에서 저는 한 손으로 갑골을 문질러 탁본을 해야 했고 그와 동시에 갑골 편을 짜 맞추어 결합하는 작업도 하고 있었습니다. 그런 어느 날 조수가 두 편의 작은 갑골 조각을 가져와 이 둘이 합칠 수 있는 것인지를 물었습니다. 제가 보니 같은 거북이 등껍질에, 색깔과 두께도 똑같고, 나누어진 틈과 반점까지도 꼭 들어맞았습니다. 그래서 조금의 의심도 없이 하나로 합칠 수 있는 갑골이라고 말하였습니다. 하지만 위쪽의 갑골 편을 해독하고서는 깜짝 놀라 멍해질 수밖에 없었습니다. 한 조각은 신해일에 대갑(大甲)의 배우자인 비신(妣辛)에게 협(協)제사를 드리는 내용이었고, 다른 한 조각은 기유일에 조을(祖乙)의 배우자인 비기(妣己)에게 협(協)제사를 드리는 내용이었습니다.

이 때문에 방금 내렸던 판단을 유보하지 않을 수가 없었습니다. 이 두 갑골 편은 서로 다른 제사 주기 체계에 속하여, 이 둘을 하나로 짜 맞출 수 없었기 때문입니다. 그러나 갈라진 틈, 가장자리, 색깔, 두께, 반점, 실드 마크[盾痕] 등의 특성으로 볼 때 이 두 조각을 동일한 갑골의 조각편이 아니라고 보는 것은 불가능했습니다.

주제(周祭)의 제사 주기에는 두 가지가 있습니다. 일반적인 주기는 36순(旬)이고, 다른 하나는 37순(旬)입니다. 이전에 발표된 갑골 각사를 보면, 37순 주기에서 더해진 1순은 언제나 '익공전(翌工典)'과 '익상갑(翌上甲)' 사이에 놓여 있었습니다. 만약 이 두 조각을 하나로 합칠 수 있다면 그전에 보지 못했던 새로운 현상을 말해주는 것이 될 수 있을까요? 추가된 1순이 다른 위치에도 놓일 수 있단 말인가요? 그리하여 저는 박물관에 소장된 주제(周祭)를 기록한 잔편들을 다시 꼼꼼히 살펴보게 되었고, 마침내 합칠 수 있는 7개의 잔편들을 찾아낼 수 있었습니다. 그래서 『중국문자』 제35집에다 「은허 복사에 보이는 5종 제사 연구의 새로운 관점[殷卜辭中五種祭祀研究的新觀念]」이라는 논문을 발표했습니다. 이 논문에서 저는 37순 주기의 주제 체계에서 추가된 1순은 이전에 생각했던 것처럼 익공전(翌工典)'과 '익상갑(翌上甲)' 사이에만 놓이는 것이 아니라 어떤 위치라도 배치될 수 있다는 사실을 발표했습니다. 나중에 장병권(張秉權) 선생께서 짜 맞추기 한 대만 중앙연구원 소장 갑골에서도 사조(祀組)의 다른 위치에서 1순이 추가된 현상을 발견함으로써 이러한 현상을 증명하게 되었습니다.

76

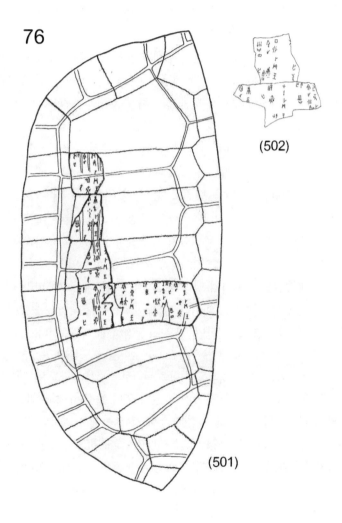

(502)

(501)

상 왕조에서 주제(周祭)는 신파 왕실 고유의 엄격하게 조직된 제사 시스템으로, 5가지 유형의 제사로 구성되었습니다. 각각의 제사는 이미 정해진 제사 계보에 따라 첫 번째 조상인 상갑(上甲)에 대한 제사에서부터 그 이전 왕과 왕비까지 이루어졌습니다. 어떤 왕은 부인까지도 제사를 받았으며, 제사들 간에는 일정한 연관성이 있었고, 일정한 간격을 두고 있어서, 이들 제사 사이에 며칠간의 간격이, 또 몇 달간의 간격이 있었는지에 근거해 정확한 날짜를 배열할 수 있습니다. 그래서 이들 자료는 상나라 때의 월력을 연구하는 데 사용할 수 있는 유일한 자료라 할 수 있습니다. 저는 연월일이 명확하게 기록된 몇몇 주제(周祭) 기록에 근거해 제을(帝乙) 재위 2년 때부터 10년 때까지의 구체적 달을 상당히 촘촘하게 복원할 수 있었습니다.

상나라 사람들은 대체로 오늘날 우리가 사용하는 것과 비슷한 음력을 사용했습니다. 큰 달은 30일, 작은 달은 29일 해서, 큰 달과 작은 달이 교대로 배열되었습니다. 몇 달을 단위로 큰 달이 연속해서 배열되기도 했으며, 이로써 월(月)과 일(日) 사이의 오차를 조정하고, 또 월과 태양 년 사이의 오차를 조정했으며, 윤달을 배열하기도 했습니다. 그 결과 새롭게 짜 맞추기 한 복사에는 존재하지 않아야 할 작은 달(29일)이 연속 배열되는 현상도 보여 주는데, 이는 그 당시의 달력의 제작이 특정 데이터에 따라 미리 안배하는 후대의 달력 시스템이 아니라, 실제 관측을 사용하였음을 보여 줍니다. 그리하여 한 달이 29일 미만인 경우도 등장하게 되었습니다(태양과 지구와 달 삼자 간의 상호 중력의 변화로 인해 지구 주위를 도는 달의 속도가 날마다 바뀌며, 실제 한 달은 28일에서 31일 사이로 달라질 수 있습니다.). 이 때문에 저는 「5종 제사의 새로운 짜 맞추기—작은 달의 연속 현상[五種祭祀的新綴合--連小月的現象]」(『중국문자』 신 10집)과 「제5기 5종 제사 계보의 복원—상나라 후기의 역법을 함께 논함[第五期五種祭祀祀譜的復原--兼談晚商的曆法]」(『대륙잡지(大陸雜誌)』 제73권 제3호)이라는 논문을 발표하게 되었는데, 갑골을 실제로 정리해보지 않았다면 이러한 새로운 발견은 불가능했을 것입니다.

로열 온타리오 박물관에 있는 중국 유물 컬렉션은 중국을 제외한 세계 10대 컬렉션 중의 하나로 알려져 있습니다. 이 박물관의 컬렉션은 가장 아름다운 것을 소장하였다고 할 수는 없지만 필요한 모든 것은 두루 갖추고 있다고 할 수 있으며, 일부 컬렉션은 중국에서도 없는 것들입니다. 저의 주요 업무는 갑골을 정리하는 것이었습니다. 제가 대만에 있는 유명한 대학의 중문학과에서 교육을 받았기 때문에 중국에 대한 지식은 서양인보다 훨씬 더 많다고 생각하여, 동료들은 잘 알지 못하는 것이 있을 때마다 저를 찾아와 함께 의논하곤 했습니다. 이러한 과정에서 저는 의식하지도 못하는 사이에 고대 유물에 대해서도 알아가게 되었습니다. 게다가 여기 연구원들은 수장고를 자유롭게 출입할 수 있어 실제 유물을 가까이서 관찰할 수 있었습니다. 특히 관련 부문의 책임자가 된 후에는 여러 가지 문화 유물의 전시회에도 참여하게 되었으며, 다양한 주제의 전시회에 필요한 각 라벨을 포함하여 텍스트 제작 등에서 오류가 없는지를 직접 확인해야 했기에, 관련 경험을 점차 많이 쌓아갈 수 있었습니다. 갑골에 새겨진 한자 자형이 고대 문화 유물과 밀접한 관련이 있다는 것도 알게 되었습니다. 따라서 나중에 고대 중국 문화 유물에 대한 강의를 하고 관련 갑골 대본을 소개하기도 하였습니다. 이후에 『중국 고대문화 유물 안내서[中華古文物導覽]』(중국어 간체 버전은 『문화 유물 소강의[文物小講]』로 개명함) 및 중국어 번체 및 간체로 된 『한자와 문화 유물 이야기[文字與文物的故事]』(대만 상무인서관, 2019; 북경화학공업출판사, 2020)도 출판하게 되었습니다.

여기서는 한두 가지 예를 간단히 들어 볼까 합니다.

머리는 짐승을, 몸은 벌레를 닮은 이러한 옥 조각은 홍산 문화 유적지에서는 흔히 볼 수 있지만, 중부 평원의 다른 문화에서는 볼 수 없는 유물입니다. 그 형상은 현재 알려진 어떤 육지 동물과도 다르지만, 당시의 그 지역 사회에서는 상당한 의미가 있었을 것입니다. 그 때문에 여러 차례 등장했을 것입니다. 크기는 작은 것은 7~8센티미터, 큰 것은 15센티미터까지, 일정치 않고 다양하지만, 모두 줄을 꿰어 착용할 수 있는 드릴 구멍이 있습니다. 발굴된 위치에 근거해 볼 때 항상 큰 것 하나와 작은 것 하나를 가슴 앞에 착용했으며, 후대에 보이는 것처럼 허리에 착용하는 것은 아니었습니다.

▌청색 수암석 옥저룡(青色岫岩玉豬龍),
홍산(紅山)문화, 높이 7.9센티미터, 홍산문화유형,
5천5백년~4천2백년 전

이 동물의 머리 윗부분에는 큰 귀가 두 개 있습니다. 이 귀는 불규칙한 반 타원형이고 일부는 한쪽으로 치우친 삼각형인 것도 있는데, 모두 크게 뜬 한 쌍의 둥근 눈을 갖고 있습니다. 일부는 약하게 파진 짧은 선만 있어서, 눈을 감거나 잠든 상태를 표현한 것처럼 보이기도 합니다. 입은 불룩 튀어나와 돼지처럼 보입니다. 이마 앞쪽과 코 부위에는 여러 개의 평행으로 된 약간 긴 파인 선이 있어서 주름진 얼굴을 대략적으로 표현하고 있습니다. 몸통은 구부려져 말려 있는데, 일부는 이 유물처럼 아래턱까지 거의 연결되어 있지만 패옥처럼 완전히 분리되어 있기도 하고, 일부는 완전히 분리되지 않고 안쪽 부분에 연결되어 있기도 합니다.

이것은 도대체 어떤 종류의 동물을 표현한 것일까요? 실제 존재했던 것일까요? 아니면 상상 속의 동물이었을까요? 학자들의 의견은 분분하여, 어떤 사람은 그것이 용이라고 하기도 하고, 어떤 사람은 머리가 돼지 같아서 '돼지 용[豬龍]'으로 부르기도 합니다. 먼 옛날 사람들이 근거 없는 환상을 만들었을 가능성은 적습니다. 이렇게 반복해서 출현하는 것들이라면 원래의 모양은 현실을 기반으로 해야 합니다. 갑골문의 용(龍)자(龍)를 보면, 꼬리가 항상 머리의 반대쪽을 향하고 있습니다. 이 형상은 6천 년 전 하남성 복양(濮陽)의 한 무덤에서 처음으로 나타났습니다. 학자들은 원래 모양이 양쯔강 악어라고 믿고 있습니다. 그런데 이 동물의 몸통에는 비늘이 없고 꼬리는 말리고 머리를 향한 모습이라 결코 용일 수는 없습니다. 이 유물은 도리어 갑골문에서의 연(肙)자(肙)를 닮았습니다. 머리는 사나운 모습을 하였고, 꼬리는 말렸으며, 머리와 같은 방향으로 되었습니다. 상나라에서 이 글자의 의미는 견(蠲)이나 연(捐)자 등과 같이 쓰여, 질병이나 재난을 제거한다는 뜻으로 쓰였습니다. 예를 들어, "병이 있는데, 제거할 수 없을까요?(有疾身, 不其肙?)", "비경께서 왕의 질병을 물리치게 해 줄 수 있을까요?(妣庚肙王疾?)" 등이 그렇습니다.

『설문해자』에서는 연(肙)자를 두고 '작은 곤충'이라고 풀이했습니다. 일부 갑골 학자들은 이 글자가 모기 유충을 그린 것이라고 설명하기도 합니다. 고대 사람들은 '제거하다는 의미를 표현하기 위해 왜 모기 유충을 동원했던 것일까요? 그 이유는 모기가 사람을 물고 피를 빨아 통증을 유발할 뿐만 아니라 병도 전염시키기 때문에 그것이 제거되기를 원했기 때문일 것입니다. 모기가 다 자라서 날아다닐 수 있게 되면 이미 박멸하기가 쉽지 않으므로, 아예 형성되지 않은 애벌레 단계에서 제거하는 것이 가장 좋을 것입니다. 이 때문에 모기 유충을 사용하여 제거하다는 의미를 표현했을 겁니다.

이 옥 조각을 끈에다 끼워 아래로 처지게 하면 머리 부분이 아래쪽으로 늘어지게 되는데, 물에서 기생하는 모기의 유충 모양이 됩니다. 학자들은 이 옥 조각을 옷에 다는 것은 장식용을 넘어서 길조와 보호를 기원하는 목적도 있다고 보았습니다. 이것이 모기 유충을 묘사한 것이 분명하다면 그것은 그곳 사람들이 모기에 시달렸을 가능성이 컸을 것이며, 이 때문에 이런 장신구를 패용하여 그것을 물리치고자 하는 마음을 기원했을 것입니다. 모기 유충을 제거하

▌모자에 깃을 꽂은 사람 모양을 한 연한 녹색 패옥[戴羽冠人頭形泛白淡綠玉珮]. 높이 4.3센티미터, 캐나다 로열 온타리오 박물관 소장, 상나라 후기, 약 3천4백 년~3천1백 년 전.

는 것이 모기를 제거하는 근본적인 방법이라는 것을 알았던 것은 홍산 문화를 살았던 사람들이 이룬 성취라고 볼 수밖에 없습니다.

떠있는 듯한 선으로 양각된 이 비취 패옥의 주제는 높은 깃털이 달린 모자를 쓴 사람의 머리입니다. 이 디자인은 강서성 신간(新幹)에서 발굴된 깃털 왕관을 쓴 비취 패옥과 거의 동일하며, 서로 비교해 볼 수도 있습니다. 같은 무늬로 장식된 이 두 가지 패옥은 허리춤에 매달린 패옥으로, 둘 다 전시용 패옥이라 할 수 있습니다. 다만 신간(新幹)에서 발굴된 패옥은 한쪽 면만 장식되어 있지만 목적이 다르다고 할 수는 없습니다.

깃털로 된 면류관을 쓴 인물상은 4~5천 년 전까지 거슬러 올라갑니다. 절강성 양저(良渚) 문화에서 발굴된 옥월(玉鉞: 옥으로 만든 도끼)과 옥종(玉

琮: 옥으로 만든 밖은 네모지고 속은 둥근 통 모양의 기둥)은 어떤 동물을 타고 있는 사람 모습을 하였습니다. 짐승에 올라 탄 사람의 정체는 왕일 수도 있지만, 이 두 개의 옥에 새겨진 형상을 이런 식으로 볼 수는 없습니다. 양저에서 발굴된 짐승을 탄 사람은 평범한 사람의 모습을 하고 있는 반면, 신간에서 출토된 패옥에 조각된 사람의 모습은 송곳니와 이빨을 드러낸 흉악한 모습을 하였습니다. 양저의 이 옥 조각은 송곳니와 이빨을 드러내지 않았지만, 입 양쪽 가에 둥글게 말린 이중으로 된 선이 조각되었습니다. 아마도 이 외곽선은 송곳니가 단순화된 것으로 보입니다. 흉악한 모습의 얼굴이 신간에서 출토된 이 두 옥 조각의 주된 표현이라면, 이들은 양저의 옥

조각이 표현하고자 한 짐승을 탄 사람이 신통력을 가졌고 사람들의 존경을 받도록 한 의도와는 완전히 다르다고 할 수 있습니다.

이 인물상은 귀신을 그린 것일까요? 왕일까요? 부하일까요? 고대인들은 그것을 아름다움을 과시하기 위해 달고 다녔을까요? 아니면 신분을 나타내기 위한 것이었을까요? 벽사(闢邪: 악함을 물리치다)를 위한 것일까요? 일련의 물음표가 답을 기다리고 있습니다. 문화 유물 앞에서 가장 이해하기 어려운 것은 그 배후에 깃든 사회적 배경과 동기입니다. 캐나다 로열 온타리오 박물관에는 긴 머리를 뾰족한 모양으로 묶은 금박한 청동 인간 머리상이 있는데, 길게 자란 머리칼을 뾰족한 모양으로 묶었고, 뒷면에는 옷 안으로 꿰맬 수 있는 작은 단추가 있습니다. 이 역시 전시품으로 쓰였지만 외모

는 결코 사나운 모습이 아닙니다. 고대 중국에서는 머리카락을 가지런하게 묶지 않는 것이 칭찬할만한 일은 아니었습니다. 대부분은 범죄자이거나 자신의 외모를 관리할 수 없는 경우에만 표현되던 모습이었습니다.

고대에는 나라의 군대를 기념하는 웅장한 축전에서 적의 머리를 잘라 바치는 행위가 있었습니다. 『의례·왕제(王制)』에서는 "황제가 원정을 떠날 때……조상신들에게 명령을 부여받고 학교에서 전쟁의 성과를 보고했습니다. 출정하여 죄가 있거나 반란을 일으킨 자를 잡아와 학교에서 승리보고를 했는데 적의 머리를 잘라와 바쳤습니다.(天子將出征, ……受命于祖, 受成于學. 出征執有罪反, 釋奠于學, 以訊馘告.)"라고 했습니다. 정벌의 승리 보고 대회를 학교에서 거행했고 잡아온 포로의 머리를 잘라 조상신에게 바쳤던 것입니다. 학교는 고대사회에서 군대를 훈련하던 곳이었기 때문에 그곳에서 적의 머리를 바치는 의식을 거행했던 것입니다. 군사적 성과는 고대 통치자들이 가장 자랑하고 내세우기 좋아하던 정치 업적이었습니다. 『일주서(逸周書)·세부(世俘)』에 의하면, 주나라 무왕이 상나라를 멸망시킨 주나라의 종묘를 향해 포로의 머리를 잘라 바치는 의식을 네 차례나 거행했다고 합니다. 주 왕조는 나중에 왕실 자체적으로 적의 머리를 바치는 의식을 거행했을 뿐만 아니라 제후국에서도 군사적 승리가 있을 때 주 왕실의 종묘에 와서 적의 머리를 헌상하는 의식을 거행할 의무를 다해야만 했습니다.

적의 머리를 잘라 보상을 받는 것은 고대 국가에서 흔한 일로, 중국인들만의 야만적인 행동이 아니었습니다. 『좌전희공(僖公)』 33년 조에 의하면, 진(晉)나라의 선진(先軫)이 갑옷과 투구도 없이 서북 오랑캐의 적진에 들어가 전쟁을 치다가 불행하게도 전투에서 패배하여 목이 잘렸고, 이후 서북 오랑캐들이 그의 머리를 되돌려 주었는데 그때의 안색이 마치 살아있는 사람인 듯 하였다고 합니다. 이러한 습관은 고대 글자에도 반영되어 있습니다. 갑골문의 괵(䤋: 귀를 베다)자가 그것인데, 머리에 달린 눈이 낫처럼 생긴 창[戈]에 매달려 있는 모습입니다(혘). 이후 머리가 너무 무겁고 휴대하기 불편했기에 중요하지 않은 적의 경우 왼쪽 귀만 잘라 적을 죽였다는 징표로 사용했습니다. 갑골문에 등장하는 취(取: 빼앗다)자가 바로 귀를 손에 쥐고 있는 모습입니다(). 귀를 손에 쥐었다는 것은 이미 잘린 귀라는 것을 말해 줍니다. 전국시대 때 진(秦)나라에서는 병사들에게 적을 죽이도록 독려했는데, 적의 머리를 벤 숫자로 전공을 계산해 작위를 주었습니다. 벤 머리의 숫자를 통해 전공을 계산하던 이러한 것은 의심할 여지없이 매우 오랜 고대로부터 내려오던 습관이었을 것입니다. 적을 죽이는 것은 과시할만한 일이었습니다. 대만 원주민들에게도 이전에 적을 죽인 전사만이 장식용 조개를 박아 넣은 모자를 쓸 자격이 있다는 관습이 있었는데, 이는 사람 머리 모양의 옥 장식을 달고 다니며 적을 죽인 자신의 공적을 표현하던 것과 비슷합니다.

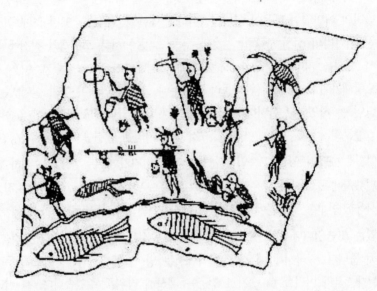

▌전국시대의 구리 조각에 남겨진 무늬. 머리를 베는 모습이 새겨졌다.

캐나다에서 일하면서 제가 누렸던 가장 큰 혜택은 다양한 측면에서 접촉이 가능했다는 점입니다. 먼저 농업 방면의 지식이 그중 대표적인 것이었습니다. 멘지스(James Mellon Menzies, 1885~1957) 목사가 수집한 갑골을 다 정리한 후, 저는 토론토대학교 동아시아연구소에 가서 석사 학위를 취득했습니다. 나중에 다시 고고학 및 인류학과 박사과정에 진학했습니다. 이후 동아시아학과로 전과하여 박사 학위를 취득했습니다.

저는 샘플(山普, Sample) 교수의 동아시아 고고학 주제연구 강의를 들으면서 한 학년도의 연구 보고서로 「중국 농업의 기원과 발전[中國農業的起源與發展]」이라는 보고서를 작성했습니다. 이로부터 저는 농업 관련 연구에 참여하기 시작했습니다. 저는 중국을 남부, 북부, 동해안의 3개 농업 지역으로 설정했습니다. 각 지역의 연대, 지리, 기후, 도구, 물적 증거 등을 종합적으로 조사했는데, 약 1만 년 전에 농업 발전에 가장 적합한 지역이었던 중국의 남부 지역에서 자생적으로 농업이 시작되었습니다. 하지만 이후 급격한 기온 상승으로 인해, 더 이상 인간의 거주에 적합하지 않게 되자 중국 북부와 동해안 지역으로 발전하여, 중국의 동서 지역이 서로 다른 문화적 특징을 갖게 되었음을 알게 되었습니다. 당시만 하더라도 중국의 중원 지역이 중국 문명의 최초 발상지라고 믿고 있던 때였습니다.

연구를 하면서 농업에 대한 많은 지식을 얻을 수 있었고 농업과 관련된 갑골문의 창제의미도 일부 해독하게 되었습니다. 예를 들어, 려(犁: 쟁기)자는 갑골문에 자주 보이는데, 점복을 행하면서 어떤 소를 제물로 바쳐 제사를 지내야 신들이 만족할는지를 묻는 내용입니다. 제사에 사용한 소는 일반적으로 황우(黃牛: 황소), 유우(幽牛), 시우(戠牛) 등과 같이 피부색으로 구별되었지만 려우(犁牛: 쟁기 소)는 그 기능을 따서 붙여진 이름이었습니다.

갑골문에서 려(犁)자는 처음에는 〔갑골문 기호들〕 등과 같이 적었으나 이후에는 〔기호〕과 〔기호〕가 합쳐져 한 글자를 이룬 〔갑골문 기호들〕 등으로 필사되었습니다. 그것은 이러한 소가 쟁기질과 관련이 있었기 때문에 소를 뜻하는 우(牛)가 더해져 지금의 려(犁)자가 되었던 것입니다.

려(犁)자의 초기 모양은 그 의미를 어떻게 표현했을까요? 이 글자는 두 개의 단위로 구성되었는데, 〔기호〕는 농지에 흙을 갈아엎어주는 쟁기의 측면 모양입니다. 하단은 쟁기의 보습을 설치하는 부분이고, 상단은 손잡이가 있는 곳입니다. 두세 개의 작은 점은 땅을 뒤집으면서 위로 올라오는 흙덩이를 나타냅니다. 그래서 보습을 뜻하는 〔기호〕는 일반 칼과 매우 유사하게 그려졌습니다. 칼이 물건을 자르면 절단된 조각이 두 조각으로 나뉘어져 칼의 양쪽에 위치하지만, 쟁기가 흙속으로 들어가면 뒤집어진 흙은 위로 올라오기에 쟁기의 위쪽에 그려졌습니다. 그래서 이 글자는 쟁기질 같은 작업을 표현하는 데만 적합합니다. 소는 기본적으로 두 종류가 있습니다. 하나는 마른 땅에서 움직이기를 좋아하는 소인데, 수레를 끄는 황소가 이에 속합니다. 다른 하나는 습한 진흙과 같은 환경에 있기를 좋아하는 소인데, 쟁기질을 하는 려우(犂牛)가 이 범주에 속합니다. 그래서 려우(犂牛)처럼 려(犂)와 우(牛)가 종종 결합하여 하나의 단어처럼 사용됩니다. 이 단어는 농지를 가는 쟁기도 뜻하는 동시에 쟁기질을 하는 소를 뜻하기도 합니다. 이후 ⚡ 는 소실되고 말았습니다.

일부 학자들은 상나라 때 우경(牛耕: 소를 이용한 밭 갈기)이 존재하지 않았다고 하면서, 이 단어의 뜻은 여러 색이 들어간 소를 말한다고 하기도 합니다. 쟁기질을 하면서 흙을 파 뒤집은 흙덩이에는 건초가 뒤섞여 있기 마련이고 그 때문에 색깔이 순수하지 않기에 '잡색'이라는 뜻이 생길 수 있습니다.

상나라 사람들이 말을 탈 수 있었고, 코끼리를 시켜 힘든 일을 할 수 있었을진대 소를 사용하여 쟁기질을 하지 못했다고 볼 수는 없습니다. 그래서 려우(犂牛)는 쟁기질을 하는 소를 지칭한다 하겠습니다. 『설문해자』에서는 려(犂)에 대해 "쟁기질을 하다는 뜻이다. 우(牛)가 의미부이고 려(黎)가 소리부이다.(犂, 耕也. 从牛, 黎聲.)"라고 했습니다. 그러나 이는 그다지 정확하지 않은 해석으로 후대의 글꼴을 기반으로 한 분석입니다.

소는 힘이 세고 길도 안정되게 걸을 수 있으며 지구력도 있어 먼 곳까지 무거운 짐을 실어 옮길 수 있습니다. 노약자, 여성, 어린이들에게 적합한 교통수단 일뿐만 아니라 군사적, 경제적으로 무거운 화물을 운반할 수 있는 중요한 수단이기도 합니다. 따라서 『풍속통의(風俗通義)·일문(佚文)』에 "건무(建武: 동한 광무제 때의 연호, 서기 25~56년) 초기에는 군역이 매우 많아, 소도 고갈되었고 농사도 피폐하여 쌀 한 섬에 1만 전이나 하였다.(建武之初, 軍役並動, 牛亦損耗, 農業頻廢, 米石萬錢)"라고 했습니다.

이는 군사작전에서 군수품을 운반하기 위해 소와 수레를 사용해야했기 때문에 농지가 버려지고 수확량이 크게 줄어들어 쌀의 가격이 천정부지로 올랐다는 말입니다. 그래서 전장에서는 언제나 소가 끄는 수레를 포획하곤 했습니다. 예를 들어, 서주 후기 때의 「다우정(多友鼎)」에서는 당시 서북쪽의 유목민족이었던 험윤(獫狁)과의 전투를 기록했는데, 첫 번째 전투에서는 2백 명 이상의 군사를 죽였고 23명을 사로잡았으며, 전차 1백여 대를 포획했다고 했습니다. 또 두 번째 전투에서는 적 36명을 죽이고, 2명을 사로잡았으며, 전차 10대를 포획했다고 했습니다. 험윤(獫狁)이라는 민족은 말을 잘 타는 사람들입니다. 그들에게 전차는 전투 장비가 아니라 보급품 운반용이었습니다. 『사기·주본기(周本紀)』에서도 주나라 무왕이 은나라를 멸망시킨 후 "소는 도산의 유허지에 묻어버렸고, 무기는 다 부수어버리고, 병력들은 다 해산하여 더 이상 전쟁에 사용할 수 없음을 천하에 내보였다.(放牛於桃山之虛, 偃干戈, 振兵釋旅, 示天下不復用也)"라고 했습니다. 고대사회에서 무거운 짐을 멀리까지 옮길 수 있는 소의 이러한 능력이 없었더라면 먼 정벌도, 세상의 패권을 잡는 것도 불가능했을 것입니다.

그러나 대중들에게 소를 사용하여 얻을 수 있는 가장 큰 경제적 이익은 쟁기질에 이용하여 땅을 깊이 일구어 농사를 짓는 일이었을 것입니다. 땅을 깊이 일구어 농사짓는 심경법(深耕法)은 경작지의 후경 기간을 단축하여 농지의 이용률을 높일 수 있습니다. 우경(牛耕: 소를 이용한 경작)은 흙을 파뒤엎는 속도를 높일 수 있고 노동 시간을 단축할 수 있습니다. 상나라 후기때의 수도였던 안양(安陽)은 상대적으로 인구가 밀집된 도시였기에, 많은 사람들의 식량 수요를 충족시키기 위해서는 토지 이용률이 상당히 높아야만 했습니다. 연구에 따르면, 비교적 일찍부터 발전한 고대 문명에서는 가축에 의존하여 수레와 쟁기를 사용했을 때와 근접했었는데, 그들이 사용했던 원리는 비슷했습니다.

이집트와 수메르 지역에서는 5천5백년에서 4천8백 년 전 사이에 이미 구조가 상당히 복잡한 우경용 쟁기를 갖고 있었습니다(사진 참조). 상나라 때의 마차의 경우 그 제작의 정교함을 바탕으로 계산해 볼 때 당시의 마차는 이미 1천년 이상의 발전과정을 거친 것이라고 해도 전혀 이상할 것이 없을 정도입니다. 그래서 상나라 시대에 소로 쟁기질을 했다는 것은 전혀 문제가 되지 않을 것입니다. 선진(先秦) 때의 문헌에서도 소가 끄는 수레에 대한 언급이 말이 끄는 수레보다 훨씬 적다고는 하지만, 이 때문에 당시에 우마차의 사용이 드물었을 것이라 생각할 수는 없습니다. 왜냐하면 소는 무거운 짐을 운반하는 도구이지 귀족 계층의 오락을 위한 것에 초점이 놓인 것이 아니기 때문입니다. 소가 끄는 수레는 마차만큼 강력하지도 빠르지도 않기 때문에 귀족의 문학 작품에서는 소가 끄는 수레에 대한 기술이 거의 보이지 않습니다.

상나라 때에 우경(牛耕)이 존재했다는 것을 가장 직접적으로 증명해 줄 자료는 갑골문의 양(襄)자입니다. 이들의 자형은 다음과 같습니다.

┃4천 년 전 고대 이집트. 전벽(前壁)에 그려진 우경도(犁耕圖).

[갑골] 𖤐 𖤐 𖤐 𖤐 𖤐 𖤐

[금문] 𖤐 𖤐 𖤐 𖤐 (𖤐)

[소전] 『설문해자』 "양(襄)은 한나라 때의 법령에 의하면 옷을 벗고
농사일을 하는 것을 양(襄)이라 한다. 의(衣)가 의미부이고 영
(㽅)이 소리부이다. 𖤐 은 양(襄)의 고문체이다.(𢄤, 漢令, 解衣而
耕謂之襄. 从衣, 㽅聲. 𖤐, 古文襄.)"(제8편 상)

  『설문해자』에서 제시한 양(襄)자의 고문체와 갑골문의 자형을 비교해
봅시다. 갑골문 글꼴은 날카로운 쟁기를 양손으로 잡은 모습인데, 쟁기 앞
에 소가 쟁기를 끌고 있고 먼지가 이는 모습까지 그려졌습니다. 잡고 있는
쟁기의 경우 어떤 경우에는 쟁기 가림 판이 있기도 하지만 어떤 경우에는
없습니다. 쟁기 가림 판은 쟁기를 연속해서 사용할 때 유용한 장치입니다.
당시에는 청동으로 만든 쟁기를 사용했기에, 우경으로 인한 생산 효율성은
사람의 1.7배에 불과하였고, 사용 시간도 적었습니다. 그러나 동주 때에 이
르면 철로 만든 쟁기를 사용했고, 생산 효율성은 사람의 5배에 달하는 효과
가 있었습니다. 이 때문에 우경이 대량으로 사용되었고 생산성도 대대적으
로 증가하고 사회의 모습이 크게 바뀌게 되었습니다.

또 갑골문에는 방(旁)자가 등장하는데 그 자형은 다음과 같습니다.

[갑골] 𣥂 𣥠 𣥠 𣥠 𣥠 𣥠 𣥠

[금문] 𣥠 𣥠 𣥠 (𣥠 𣥠 𣥠)

[소전] 『설문해자』 "방(旁)은 부(溥)와 같아 '넓게 펼치다'는 뜻이다.
이(二)가 의미부인데 왜 그런지는 잘 알 수 없다. 방(方)이 소리
부이다. 𣥠은 방(旁)의 고문체이다. 𣥠도 방(旁)의 고문체이다.
𣥠은 주문체이다.(𣥠, 溥也. 从二闕, 方聲. 𣥠, 古文旁. 𣥠, 亦
古文旁. 𣥠, 籒文.)"(제1편 상)

방(旁)자를 보면 쟁기 위쪽에 쟁기 가림 판이 있는 쟁기의 모양을 표현
하고 있습니다. 쟁기 날이 흙덩이를 파서 뒤엎으면 뒤집힌 흙덩이들은 쟁기
양 측면으로 밀려 나가게 되므로, '옆'과 '양 켠'이라는 뜻이 생기게 되었습
니다. 쟁기 가림 판은 쟁기가 당겨지도록 설계되었는데, 이는 쟁기 앞에 이
를 끄는 가축이 있었음을 말해 줍니다.

고고학과와 인류학과에 입학한 후 독서 범위가 넓어졌습니다. 박물관에
꼭 필요한 고고학 이외에도 민속 관련 서적도 참고하기 시작했고, 대만 남
세(南勢)에 있는 아미족(阿美族)의 창세신화에 대해서도 연구했습니다. 태양
신과 달 신의 15대 후손인 한 쌍의 오누이가 홍수라는 대재난을 피해 나무
로 만든 절구통을 타고서 대만으로 흘러들었습니다. 이 세상에 남은 사람이
그들 두 사람밖에 없다는 것을 발견했으며, 인류의 대를 이어가기 위해서는
그들은 오누이간이였지만 결혼하여 부부가 될 수밖에 없었습니다. 하지만
오누이간에는 배와 가슴 부분이 닿아서는 안 된다는 금기 때문에 감히 부
부 관계를 갖지 못했습니다. 하루는 오빠가 사슴을 잡아왔고 사슴 가죽을

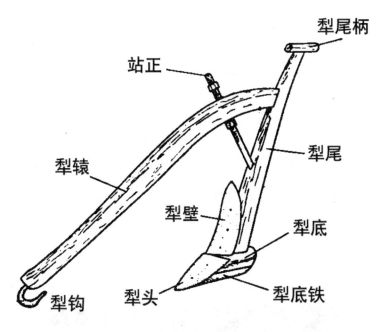

｜쟁기 구성도

벗겨 말리다가 거기에다 구멍을 팠습니다. 이 사슴 가죽을 중간에 놓고 결합하면 배와 가슴이 닿아서는 안 된다는 금기를 깨뜨리지 않고서도 짝짓기와 번식의 목적을 달성할 수 있었습니다. 이렇게 해서 그들에게서 태어난 아이들이 아미 부족의 조상이 되었습니다. 저는 이 이야기가 한족들의 복희(伏羲)와 여와(女媧) 전설과 많이 비슷함을 발견했습니다. 둘 다 해와 달과 관련이 있었고, 또 홍수 이후에 일어난 일이며, 이야기의 주인공도 오빠와 여동생이라는 오누이이자 부부이기 때문입니다.

게다가 고산족 신화에 등장하는 오누이와 복희와 여와는 모두 뱀과도 관련이 있습니다. 복희와 여와는 인간의 몸통에 뱀의 꼬리를 하였으며 뱀꼬리는 서로 엉켜 있습니다. 아미족은 뱀을 토템으로 삼았기에 족장의 집 앞에 세워진 토템 기둥에는 뱀의 형상으로 장식되어 있습니다. 이야기를 하자면 너무 길어서 더 이상 쓰지 않겠습니다.

첨부한 그림 중 하나는 자주 보이는 한나라 때의 화상석인데, 복희와 여와가 각기 해와 달을 잡고(때로는 암수를 상징하는 곱자와 컴퍼스를 들고 있음) 두 개의 꼬리가 하나로 뒤엉킨 채로 무덤으로 들어가는 길을 보호하고 있습니다. 또 다른 한나라 때의 그림을 보면 복희와 여와가 각기 따로 불을 피워 연기를 내는 모습을 보여 주는데, 연기가 서로 붙어있어서 신이 그들 오누이의 결혼을 허락하여 그것이 근친상간이 아니며 금기에 위배되지 않았다는 것을 나타내주고 있습니다.

▍한나라 때의 화상석에 보이는 복희와 여와.

언어의 변천이라는 관점에서도, 복희와 이 이야기의 주인공인 페루 카리(Peru Kari)는 동일한 진화 체계에 속합니다. 아미족의 전설이 사실에 가장 가깝다고 믿게 되었으며, 전통 결혼식에서 중요한 역할을 하는 '사슴 가죽'의 기능에 대해서도 합리적인 해석이 가능하게 되었습니다. 따라서 「사슴 가죽과 복희 여와의 전설[鹿皮與伏犧女媧的傳說]」이라는 논문을 『대륙잡지』 제59권 제2호에 발표하게 되었습니다. 이 글이 제가 쓴 민속학에 관한 첫 논문이라 할 수 있습니다.

중국의 장정낭(張政烺, 1912~2005) 교수는 갑골문에서의 바람을 뜻하는 풍(風)자가 범(凡)을 소리부로 하는 자형(𥿄 𥿄 𥿄 𥿄)과 형(兄)을 소리부로 하는 자형(𥿄 𥿄)의 두 가지 계통이 있다는 사실에 근거해 고대 중국에서 한 글자가 두 가지 독음으로 발음되었을 가능성이 있다고 했지만, 다른 증거를 찾지는 못했습니다.

그러나 저의 연구에 따르면, 한족 신화에 등장하는 복희와 여와는 대만 고산족(高山族)의 창세 신화에 등장하는 피루 카루(piru karu)와 그의 여동생에서 왔다고 생각합니다. 주법고(周法高, 1915~1994)의 『한자고금음휘(漢字古今音彙)』의 재구음에 근거하면, 복희의 선진시대 때의 재구음은 /bjwak xiab/입니다. 고산족 신화의 주인공인 'piru karu'를 비교해 보면, 첫 번째 음절을 구성하는 첫음절인 /b/와 /p/가 모두 순음에 속하고, 두 번째 음절을 구성하는 첫음절인 /x/와 /k/는 모두 후음에 속합니다. 게다가 복희는 중국에서 성이 풍(風)이었다는 기록이 보입니다. 갑골문에서 풍(風)자를 구성하는 두 가지 독음부호인 범(凡)과 형(兄)도 공교롭게도 하나는 순음이고 다른하나는 후음입니다. 게다가 "해치(解豸: 해태), 창경(倉庚: 꾀꼬리), 인동(忍冬: 인동), 호접(蝴蝶: 나비), 지주(蜘蛛: 거미), 오공(蜈蚣: 지네)" 등과 같은 일부 2음절어도 고대의 다음절어의 잔흔일 가능성이 큽니다.

갑골문에서 치(廌)자는 단독으로 된 상형자인데, 한나라 이후로는 치(廌)를 해치(解廌), 해치(解豸), 해치(獬豸) 등과 같이 2음절어로 불렀는데, 아마도 상나라 혹은 그 이전 시기에 치(廌)자에 두 가지 독음이 존재했다는 증거가 될 수도 있습니다. 또 다른 예로 갑골문에서의 록(彔)자(🔲 🔲 🔲 🔲)는 물을 긷는 두레박의 모습인데, '산기슭'이라는 뜻으로 가차되었습니다. 후대에서는 이를 녹로(轆轤: 두레박)라 불렀는데, 이 역시 2음절어입니다. 또 곽(郭)자(🔲)도 하나의 독립된 상형자인데, 성벽의 사면에 망루가 설치된 모습을 그렸습니다. 금문에서는 이 글자가 곽(郭)과 용(墉)이라는 독음이 다른 두 글자로 사용되었습니다.

제가 근무하던 박물관에는 기원전 16세기 때의 이집트 프레스코 석조 벽화가 있었는데, 동쪽의 항구에서 물품을 싣고 있는 모습이 묘사되었습니다. 거기에는 성서체로 된 비문이 새겨져 있습니다. 배의 위쪽에 기록된 문자에서 적재된 화물이 각양각색의 진귀한 물품과 향료임을 말해주고 있습니다. 이들 중에는 계수나무(桂木: Osmanthus)가 포함되어 있는데, 달아놓은 주석에 따르면, '계수나무'는 표의자로, '가루로 갈아 분말로 만들 수 있는 나무'라는 의미를 담았습니다. 여기에다 'khesyt 나무'라는 독음 부호가 추가되었습니다. 한자에도 같은 방법이 있습니다. 원래는 상형자나 회의자였는데, 이후에 독음의 편의를 위해 독음 기호가 추가되어 형성자가 된 경우가 그렇습니다.

예를 들어, 밭을 갈다라는 뜻의 적(耤)자(🔲 🔲 🔲 🔲)는 원래 한 사람이 쟁기를 밀며 밭을 가는 모습인데, 금문에 들면서 석(昔)이라는 독음 기호가 추가되었으며(🔲 🔲 🔲), 지금은 자형이 줄어 적(耤)으로 고정되었습니다. 그래서 이집트의 비문에서 계목을 뜻하는 단어의 독음은 'khesyt'입니다. 계목이라는 식물의 학명은 'Cinnamomun cassia auct. family Lauraceae'입니다. 기원전 16세기 경 자바인들이 이의 공급을 통제했습니다. 그들은 정향(丁香)

을 중국의 계피(桂皮)로 바꾸었고 그런 다음 서양의 아프리카와 서아시아에다 팔았습니다. 식물의 학명으로서의 계목(桂木, cassia)은 북 아삼(Assam)어의 카시(khasi)에서 따 왔습니다. 그러나 이는 계목의 원산지인 중국 광서의 말임이 분명합니다. 자바인들이 판매하던 계피의 원산지는 오늘날 중국의 광동과 광서 지역으로, 고대에는 이를 '계(桂)'라고 불렀습니다. 계(桂)자의 독음을 보면 『광운』에서 고(古)와 혜(惠)의 반절이라 했고, 재구된 상고시대의 추정 독음은 /kwev/로, 1음절어입니다. 그러나 'Khasi'에는 2개의 음절로 된 'ks'가 들어있습니다. 이것이 원산지 언어를 나타낸다고 한다면 계목을 나타내는 원래의 말에도 2음절 혹은 그보다 더 많은 음절로 되었을 것임이 분명합니다. 그래서 계(桂)자의 고대 중국음으로 재구한 운미 '-v'는 제2음절의 잔흔일 가능성이 있습니다.

박물관에서 근무하는 동안 저는 뉴욕 메트로폴리탄 박물관의 야금 과학 연구팀과 업무적으로 교류할 일이 있어 일반인들보다 야금에 대해 더 잘 이해하게 되었습니다. 그리고 갑골문에 고대인의 귀중한 지식이 반영되어 있음도 발견하게 되었습니다. 녹인 구리 액을 거푸집에 붓는 과정이 청동 주조의 마지막 단계이자 가장 어려운 부분이기도 합니다. 이는 주조가 성공하여 정교한 기물을 만들어 낼 수 있는지의 핵심과정이기도 합니다. 상나라 후기 수도였던 안양에서는 움푹 파인 구덩이가 많이 발견되었고, 구덩이에서는 주물을 꺼내고 난 다음 남은 거푸집의 파편이 남아 있었지만 그 이유를 알지 못했습니다. 저는 야금 기술 연구자들과 교류를 할 수 있었기 때문에 갑골문의 길(吉)자가 깊은 구덩이 속에서 기물을 제작하던 모습임을 깨닫게 되었습니다. 오늘날의 과학적 실험을 통해서도, 구리 액체를 부은 후 거푸집을 너무 빨리 식히면 다음 그림과 같이 구리와 주석의 통합이 엉망이 되고 불규칙해 진다는 것이 밝혀졌습니다(빨간색 부분은 구리, 파란색 부분은 주석).

그러나 서서히 냉각시키게 되면 구리와 주석의 합금 조성이 나뭇가지처럼 완전히 일체화 될 수 있고(아래), 그렇게 되면 구리 주물의 표면이 기포 없이 매끈하게 되어 사람들이 원하는 좋은 구리 제품의 외부 모습을 얻을 수 있습니다.

갑골문에서 길(吉)자(圖)의 초기 자형을 보면 깊은 구덩이 속에 결합된 주형 거푸집 세트가 든 모습입니다. 글꼴은 점차 규격화되어 깊은 구덩이는 얕은 구덩이로 변했으며(圖), 이를 이어서 거푸집의 형태는 더욱 간단한 모습으로 변했으며(圖)(圖), 마침내 금문(圖)과 소전체(圖)의 글꼴이 되었습니다. 이것이 야금의 경험을 표현한 것이라고 추측하기는 쉽지 않습니다. 청동기는 구덩이 속에서 주조되고, 열이 가해진 청동 액이 천천히 식을 때까지 기다립니다. 그래야만 표면이 매끈한 좋은 주물이 만들어집니다. 이로부터 '훌륭하다'는 의미가 나왔습니다. 상나라 때의 청동 주물 장인들은 평지에서 주물 액을 부으면 발산한 열기가 날아가 버려 빨리 식는 바람에 좋은 주물을 얻을 수 없지만 깊은 구덩이에서 주조하면 열이 쉽게 발산되지 않고 달아나지 않아 정교한 완성품을 얻을 수 있다는 사실을 이미 잘 알고 있었습니다. 이것은 현미경으로만 관찰할 수 있는 미세한

부분입니다. 상나라 때 구리와 주석 성분이 천천히 통합되는 기능을 알 수는 없었을 것입니다. 그러나 적어도 이러한 조건에서야 우수한 주물을 얻을 수 있다는 것만은 알고 있었을 것입니다. 그리해야만 정교하고 훌륭한 제품을 얻을 수 있었고, 이 때문에 '좋다'는 뜻의 길(吉)자가 만들어졌습니다. 만약 갑골문의 이러한 자형이 남아 있지 않았다면, 어떻게 상나라 때의 장인들이 이러한 지식을 갖고 있었으며, 이미 상당히 보편화된 지식이었다는 것을 알 수 있겠습니까?

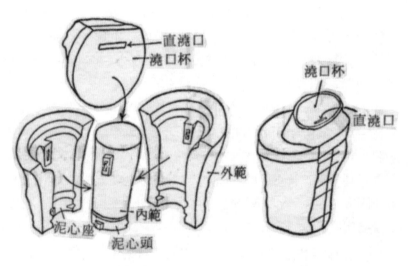

┃청동 액을 붓는 곳(澆口杯, 삼각형)과 주형틀(장방형)이 합쳐진 다음의 모습. 이것이 길(吉)자의 자형이다.

저는 또 북베트남 공무원을 접대하는 과정에서 중국에서 멸종된 동물에 대해서도 알게 됐습니다. 해치(解廌)는 동주 시대 이후 점차 신화로 남게 된 동물입니다. 사슴처럼 생겼으나 뿔이 하나 달렸고, 소송 문제를 해결할 능력을 갖고 있으며, 길조로 간주되는 동물이어서 상서로운 장식 문양의 주제로 자주 사용되었습니다. 갑골문에는 치(廌)자가 존재하는데, 긴 뿔이 평행으로 난 모양으로 그려졌습니다(𧰼 𧰼 𧰼 𧰼). 이 짐승을 잡았다는 기록도 보이고, 이를 몰았다는 기록도 보이며, 피부색은 노란색이며, 많은 다른 글자들을 만들어내기도 합니다. 예컨대, 경(慶)자는 치(廌)와 심(心)의 결합으로 이루어졌습니다(𧰼).

『설문해자』에서는 경(慶)자가 사슴 가죽을 결혼의 선물로 삼던 고대 예속과 관련이 있다고 풀이했습니다. 이것은 글자의 형태가 변경된 이후의 자형에 근거한 오해입니다. 고대인들은 해치의 심장을 진미 또는 특별한 약효가 있는 것으로 간주했을 가능성이 있으므로 이 글자로 '축하하다', '경축하다'는 의미로 사용했을 것입니다. 또 기(羈)자도 있는데, 이는 두 뿔을 밧줄로 묶어 놓은 모습을 했습니다(𧰼 𧰼 𧰼 𧰼). 갑골 복사에서 기(羈)자는 정보나 물자를 전달하는 역참의 의미로 쓰였습니다. 고대에는 이 해치로 수레를 끌게 하거나 타고 다니는데 썼을 것입니다. 그러나 이후에는 속도가 더 빠른 말로 대체되어, 글꼴에서도 마(馬)자가 들어가게 되었습니다. 서주 때의 금문에서도 이 두 글자에 모두 치(廌)가 들어가 있습니다. 천(薦)자는 치(廌)가 풀숲[艸]에 있는 모습입니다. 아마도 해치[廌]가 먹기 좋아하는 풀[艸]이 자리를 짜는데 좋은 풀이라는 뜻을 담았을 것입니다(𧰼 𧰼 𧰼 𧰼). 또 법(法)자는 치(廌)와 거(去)와 수(水)의 조합으로 이루어진 글자입니다(𧰼 𧰼 𧰼 𧰼). 이 글자의 창제의미는 해치[廌]가 뿔로 송사 중에 있는 죄인을 받아 제거하고[去] 법 집행을 물[水]이 흐르는 것처럼 공정하게 한다는 뜻입니다. 고대에는 판결을 돕기 위해 동물을 동원했다는 것이 결코 억지 해석은 아닙니다. 베트남에서도 이전에는 호랑이를 빌려 사건을 판결하는 관습이 있었습니다. 우리는 오랜 세월 동안 해치[鳶]가 상상 속의 짐승이라고 생각해 왔습니다.

그러나 북베트남 관리들은 베트남 전쟁 당시 북베트남의 밀림 속에서 머리에 매우 평행한 한 쌍의 긴 뿔이 나 있고 영양과 같은 몸을 가진 노란 색 피부의 커다란 포유류 동물을 발견했다고 말해 주었습니다. 저는 이 동물이 바로 갑골문에서 치(鳶)자로 그렸던 그 동물이라는 것을 깨닫게 되었습니다. 7천~3천5백 년 전의 중국은 연평균 기온이 지금보다 섭씨 2도 정도 높았습니다. 그러나 나중에는 기온이 내려가 지금보다 심지어 섭씨 2도까지나 낮아지기도 했습니다. 따뜻함을 좋아하는 일부 동물은 기온 하락에 적응하지 못하고 남쪽으로 이동해야했기 때문에 결국 중국에서는 볼 수 없게 되었습니다. 예컨대 코끼리와 코뿔소가 고대에는 중국 북부에서 많이 살았는데 이제 모두 사라지고 만 것처럼 말입니다. 치(鳶)자는 자형의 변화로 인해 머리 부분이 약간 갈라진 사슴의 뿔처럼 보입니다. 그래서 더는 존재하지 않는 짐승으로 오해하게 되었습니다.

저는 캐나다에서 일을 하면서 문자라는 것이 사람들의 삶의 편의를 위해 만들어졌다는 사실을 점점 더 많이 이해하게 되었습니다. 만약 여러분이 만든 글자를 다른 사람들이 이해하게 하려면 모든 사람의 경험에 의존하는 것이 가장 좋습니다. 그래서 저는 글자의 자형이 어떻게 그 글자의 의미를 표현하게 되었는지에 주의를 기울여왔고 점차 나름대로의 견해도 가지게 되었습니다. 그래서 과거 언젠가의 일로 기억됩니다. 학과장이 더 많은 대학생들이 과목을 선택할 수 있도록 더 흥미롭고 인기 있는 과목을 개설하도록 교수들에게 협력을 요청했습니다. 왜냐하면 학생들이 선택 수강한 과목의 수에 따라 학과 예산을 배분하는 새로운 정책이 만들어졌기 때문입니다.

▌다 성장한 베트남의 사라(沙拉) 영양류 동물.

　저는 생각했습니다. 중국을 비롯한 다른 고대 문명의 글자들이 모두 그림에서 유래했다고 말입니다. 상형 문자는 생활환경, 사용도구, 생활방식, 심지어 업무처리 방법과 사상개념까지도 반영할 수 있습니다. 고대사회의 특정 상황을 탐구하고 싶다면 고대문자의 분석을 통해 얻은 정보가 큰 깨달음을 얻게 해 줄 것입니다. 저는 이미 갑골문에 일상생활과 관련된 많은 정보가 있다는 것을 발견하였습니다. 만약 글자의 창제 의미를 설명하면서 문헌자료와 지하에서 발굴된 고고학 자료를 융합하고, 또 해외에서 배운 인류학적 지식과 결합한다면 흥미로운 주제를 선택하고 쉬운 해설로 설명하고 관련된 시대적 배경을 논의한다면, 고고학이나 역사학에 전문적이지 않은 사람들도 중국문화에 대한 흥미를 향상시킬 수 있을 것이라고 생각했습니다. 특히 고대 한자의 창작은 의미 표현을 주로 하였기 때문에, 글자 수가 많을 뿐만 아니라 다른 고대 문명보다 훨씬 더 넓은 범위를 포함하고 있습니다. 주제에 따라 장으로 나누어진 상형문자를 찾는 것은 어렵지 않았으며, 한 학년도의 강의 자료로 삼기에도 충분했습니다.

몇 년 후, 강의가 늘어나서 저서처럼의 모양을 갖추게 되었습니다. 그리하여 1984년에는 이들 자료를 『고대 중국의 한자(*The Writing Word in Ancient China*)』(대북, 예문인서관)라는 책으로 출판하게 되었으며, 이를 계기로 매년 교재를 바쁘게 복사하던 수고를 덜게 되었습니다. 이 강의 내용과 내레이션 방법은 언뜻 보기에는 해외에 나가있는 화교 학생들에게 상당히 적합한 것 같았지만, 내심 속으로는 중국내 학생들에게도 적합할 것 같아서 중국어판 출판 가능성을 모색했습니다. 더욱 뜻밖인 것은 1988년 9월 대만상무인서관에서 『중국고대사회(中國古代社會)』라는 책의 이름으로 출간한지 얼마 되지 않아 한국의 홍희(洪憙, 1957~) 선생이 1991년 이를 한국어로 동문선출판사에서 번역 출간하게 된 일입니다. 1993년에는 한국의 영남대학교 중국 연구실에서도 공동으로 이를 한국어로 번역하여 영남대학교출판부에서 출판했습니다. 생각치도 않게 이 책은 영어판 2종, 중국어판 4종, 한국어 번역판 2종이 출판되어, 저의 저술 중에서 가장 많이 팔린 책이 되었습니다.

대만으로 돌아온 후, 갑골학 이외에 중국문자학이 제 강의의 중심이었습니다. 고대 한자에 대한 새로운 지식이 많이 늘어남으로써 한자학을 가르치는 방법도 강의자마다 조금씩 다른 게 현실입니다. 저는 대학을 다니면서 항상 『설문해자』에서 한 해설에 대해 의문점을 가져왔습니다. 세월이 갈수록 『설문해자』에서 근거로 삼았던 자형이 사실은 세월이 많이 지나 종종 잘못 변화된 것이어서 설명이 명확하지 않다는 것을 알게 되었습니다. 한자의 창제의미를 진정으로 이해하려면 근거 자형의 시대가 이를수록 더 좋습니다. 그래서 가능한 상나라와 주나라 때의 갑골문과 금문의 자형에 근거해 해석하려 노력했습니다. 특히 초기 한자의 창제의미가 고대인의 삶과 더욱 밀접하게 관련되어 있다는 사실을 깨닫게 되었습니다. 그래서 제가 공부한 고대인의 삶에 대한 관점을 바탕으로 해설하였으며, 전통적인 설명에 너무 얽매이지 않았습니다. 이렇게 해서 저는 『간명 중국 문자학』(북경: 중화서국) (한국어 번역판:『중국문자학 강의』, 조용준 역, 2013, 고려대학교출판부)으로 이러한 목적을 달성하려 했습니다. 어떤 사람들은 이것을 두고 '새로운 문자학이라 부르기도 합니다. 왜냐하면 제가 한 설명들이 『설문해자』와는 너무 달랐기 때문입니다. 물론 개인적인 경험이라는 것은 항상 불완전한 존재입니다. 그래서 제 설명이 반드시 옳을 수는 없습니다. 그러나 저는 가능한 합리적인 방향을 향해서 생각해 왔기에 맞지 않다 하더라도 그렇게 많이 틀리지는 않았을 것입니다.

다음으로는 8책으로 된 『유래를 품은 한자』 시리즈를 어떻게 해서 집필하게 되었는가에 대해 설명 드리고자 합니다. 1996년 대만으로 돌아와 먼저 국립대만대학 중문학과에서 교편을 잡아 학생들을 가르쳤습니다. 그러다가 65세에 정년퇴임을 한 뒤 세신(世新)대학 중문학과로 자리를 옮겼습니다. 70세에 퇴임한 뒤 겸임교수로 활동했으며, 75세에 완전히 은퇴를 결심하여 이때부터 여유롭고 부담 없는 삶을 살고 있었습니다. 그런데 예기치도 않게 저의 의형제인 황계방(黃啟方) 교수의 친한 친구인 풍계미(馮季眉) 여사께서 『청년 공화국』이라는 새로운 잡지를 창간하게 되었는데, 저에게 매월 2천자 정도 분량의 갑골문을 소개하는 짧은 글을 한 편씩 써 달라고 부탁을 해 왔습니다. 저는 별 부담이 되지 않을 것이라 생각하고서 그만 수락하고 말았습니다. 그러나 창간 1년 만에 생각치도 않게 저널이 폐간되고 말았습니다. 풍계미 여사는 대신 책을 출판하는 사업에 매진하기로 했습니다. 좋아하는 사람들끼리는 끝까지 돕는다고 했던가요? 저도 갑골문을 소개하는 특별한 책을 한 권 쓰기로 동의했습니다. 결과적으로 풍 사장께서 제안한 계획은 다양한 범주별로 관련 갑골문자를 소개하자는 것이었는데, 이는 한 권의 작은 책으로는 해결할 수 없는 일이었습니다. 그래서 풍 사장께서는 일련의 시리즈로 출판할 계획을 세웠고, 주제는 동물, 정치, 음식, 의복, 주택, 교통, 제작, 생활사 등으로 나누었습니다. 그리고 거기에 맞는 글자를 몇 자씩 선택하여 해당 한자의 창제의미와 관련된 사회적 배경을 소개하기로 했습니다. 각 권은 약 3만~4만 자 정도의 분량으로 설정되었고, 독자는 초등학교나 중학교 청년 학생들을 대상으로 삼았습니다.

저는 마음속으로 생각했습니다. 이전에 『고대 중국사회』를 출판했을 때는 사물의 범주에 초점을 맞추고 그에 해당하는 한자를 부차적으로 사용하여, 범주별로 나누어 체계적으로 소개하고자 했습니다. 그러나 이번에는 그와 반대로 한자에 초점을 맞추고 관련된 사회적 배경을 간단간단하게 이야기하게 되었습니다. 흥미로운 것들만 몇 개 선택했고, 그것들을 하나하나 자세히 다 소개할 필요는 없다 생각했습니다. 이와 동시에 저는 『간명 중국 문자학』도 출판한 경험이 있던 터라 필요한 고대 한자를 스캔하여 디지털화 해 놓았고 관련 자료도 이미 다 갖고 있던 터라 풍 사장의 제안을 수용하였던 것입니다.

이러한 작업을 수락한 후 저는 제1권인 '동물편'에 관련된 원고를 완성하여 출판사의 요구사항을 충족하는지 아니면 어떤 부분을 더해야 하는지를 우선 확인하였습니다. 출판사에서는 한 권의 책으로 내기에 분량도 내용도 충분하여 더 보탤 필요가 없다고 했습니다. 제1권이 출판된 후 독자들의 반응도 상당히 좋아, 신간 출판기념회에서만 해도 1백 부 정도에 직접 서명하여 독자들에게 헌정할 수 있었습니다. 이에 고무되어 저는 나머지 원고를 열심히 작성했습니다. 제가 좋아하는 비디오 게임 시간도 줄여 책을 쓰는 시간으로 따로 할애하였습니다. 대략적인 윤곽을 그려놓고 생각나는 한자가 있을 때마다 기술을 해 나갔으며, 이후에 생각나는 글자가 있으면 다시 적절한 곳에다 끼워 넣었습니다. 원래는 은퇴 후 더는 연구를 하지 않을 거라 다짐했었습니다. 그러나 이 책을 쓰는 과정에서 다시 새로운 통찰을 불러일으켰습니다. 그러나 한꺼번에 6권의 책을 쓸 것이라고는 전혀 생각치도 못했습니다. 그 결과 지난 10년간의 성과보다 더 많은 결과를 얻었습니다. 다시 돌이켜 보면 황계방 교수 덕택에 컴퓨터 앞에 쭈그리고 앉아 한 글자 한 글자 관련 글을 써 내려간 셈입니다. 이 책들이 이 사회에 약간의 영향이라도 끼친다면 그 공은 바로 황계방 교수에게 돌아가야 할 것입니다.

6권의 시리즈가 모두 출간된 후, 출판사에서는 『유래를 품은 한자』 6책에 소개된 모든 한자를 한데 모아 필획과 독음 색인을 추가하여 『갑골문 간명 자전(甲骨文簡易字典)』이라는 이름으로 책을 만들었습니다. 그러나 제가 보기에 6백여 자 남짓한 글자를 수록한 책을 '자전'이라 부르려니 이름과 실제가 맞지 않는다고 생각했습니다. 그래서 또 참지 못하고 스스로 자청하여 『갑골문 간명 자전』의 형식에 근거하되 『설문해자』에 수록된 9,353자 중 형성자를 제외한 나머지 회의자들을 모두 수록하겠다고 했습니다. 이런 증보 과정을 거쳐 1,001자가 더해졌고, 원래의 611자를 더하여 총 1,612자를 수록한 자전이 만들어지게 되었고, 『신편 갑골문 고급 자전[新編 進階甲骨文字典]』이라 하였습니다. 물론 소홀하여 빠진 글자도 있을 것이라 생각합니다. 이에 대해서는 독자들의 질정을 바랍니다. ,

　　『유래를 품은 한자』 제1권이 출판된 이후 중국 본토의 간화자 버전의 판권이 계약되었습니다. 이를 계기로 저는 한자를 사용하고 있는 한국과 일본에도 이 책이 소개되면 좋겠다고 생각했습니다. 하지만 이렇게 많은 양의 텍스트를 번역하여 출판할 수 있는 국외의 출판사를 찾는 일이 얼마나 어려운지를 잘 알고 있었습니다. 몇몇 친구에게도 이 문제에 대해 도움을 요청해 보았지만 모두가 너무 어려운 일이라며 난색을 표했습니다. 개인도 이런 용기를 보이지 못하는데 이를 해결해 줄 어떤 단체나 공공기관을 찾는다는 것은 더더욱 어려운 일이라 생각했습니다. 그래서 저는 희망을 접고 있었습니다.

　　그런데 예상치도 않게 2019년 말 부산의 경성대학교 한국한자연구소의 하영삼 소장으로부터 책 전체를 한국어로 번역하고 싶으며 출판을 지원할 시스템도 갖고 있다는 편지를 받게 되었습니다. 저의 가슴에 다시 희망이 싹트기 시작했습니다. 그래서 마침 2020년 1월 초 부산에서 한국한자연구소 주최로 개최한 "갑골문 발견 120주년 기념 국제학술대회"에 신청을 하여 참가했습니다. 직접 가서 보니 한국한자연구소가 한자연구의 한국 중심지임을 알게 되었고 책 전체를 번역할 수 있는 충분한 연구진도 확보하고 있음도 확인하게 되었습니다. 한국한자연구소에서는 이 책의 번역을 위해 최선을 다했고, 채 1년도 되기 전에 전체 번역 작업을 마쳤으며, 수정 보완을 거쳐 곧 출판될 예정이라 하였습니다. 이 시점을 맞이하여 한국어판 서문으로 출판을 축하하며, 이 글을 쓸 수 있음을 매우 기쁘게 생각합니다.

2020년 10월
허진웅 씁니다.

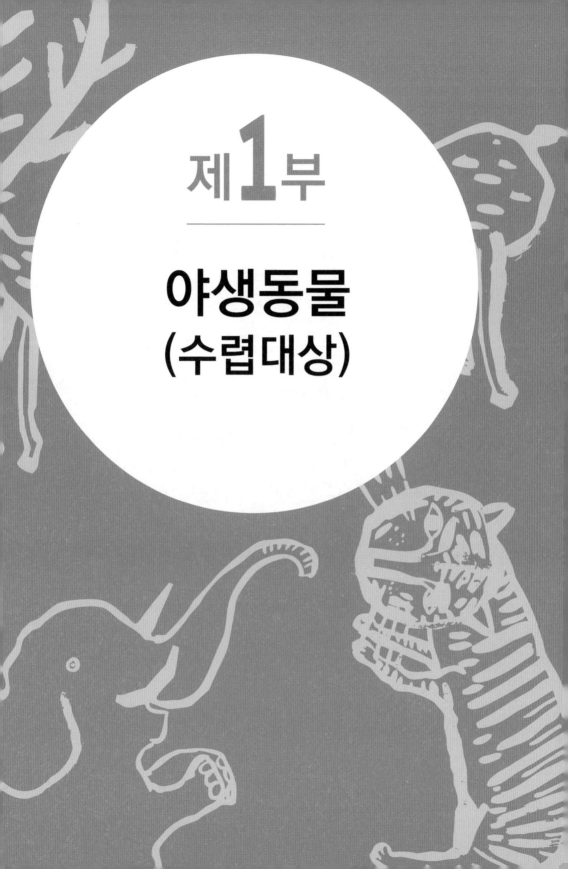

제1부

야생동물
(수렵대상)

영장류가 섭취하는 음식물은 주로 과일과 채소이다. 이렇게 볼 때 초기 인류도 예외는 아니었을 것이다. 남아프리카 유인원이 남긴 이빨을 살펴보면, 유인원은 이미 약 5백50만 년 전에 동물 고기를 먹었고, 약 2백만 년 전에 상당한 양의 고기를 먹었다는 사실을 알 수 있다. 중국에서는 동물을 잡아먹는 시대가 1백70만 년 전의 운남성 원모(元謀) 유원인 시대까지 거슬러 올라 갈 수도 있다.

인간의 뇌가 입체적인 형상을 평면적인 그림으로 표현할 수 있을 정도로 진보했을 때, 인간이 언덕의 암벽에 묘사한 대부분의 그림들은 야생의 큰 동물이었다. 왜냐하면 그것들이 인간이 가장 관심을 가지는 음식물의 근원이기 때문이다. 그러한 그림은 다음번에 다시 와서 사냥을 할 수 있도록 짐승의 출몰지역을 나타낸 것일 수도 있고, 또 동물들이 많이 번식하여 사람들이 더 쉽게 잡을 수 있도록 신들에게 기도한 것일 수도 있다.

인간은 본래 고기를 공급하기 위해 동물들을 대량으로 살생하였다. 이후에 농업으로 인해 상대적으로 안정적인 식량 공급원이 생기게 되자 사냥은 점차 중요성을 잃어버리게 되었다. 사냥의 목표도 경제적 가치를 가진 특정 동물에게 점차 한정되었고, 육류 공급은 축산에 전적으로 의존하게 되었다. 그러나 동물들이 농작물을 짓밟거나 쪼아 먹는 것을 방지하기 위해, 혹은 사냥으로 잡은 동물을 오랜 전통 제사에 희생으로 사용하거나, 혹은 군대의 전진과 후퇴 및 포위 공격을 연습하거나, 혹은 순수하게 유희를 위한 것 등, 갖가지 이유로 해서 어떤 특정 민족 집단의 사냥 활동은 아주 늦은 시기까지 지속되었다.

상나라에서 사냥은 상 왕실의 점복의 중요한 부분을 차지했는데, 종종 군사 활동과 동시에 거행되어 사냥에 군사 목적도 있었음을 보여준다. 야수를 다루거나 적과 싸우는 데에는 기술적인 공통점이 존재한다. 잡은 짐승을 제사의 희생물이나 주방의 음식 재료로 사용할 수 있고, 또 군대의 포진의 변화를 연습할 수도 있으며, 몸과 마음을 즐겁게 하고 일의 스트레스를 완화시킬 수도 있다. 그러므로 상나라에서 사냥에 관한 점복은 제사에 대한 점복과 거의 같았다고 할 수 있다.

아래에서는 복사에서 표현된 몇 가지 야생 조류와 짐승에 관한 글자들을 소개하고자 한다.

사슴 록

鹿

lù

사슴은 상 왕실의 사냥에서 가장 많이 포획된 동물의 하나로, 번식이 빠르고 수생 식물이 자라는 곳을 좋아한다. 인간의 생활환경에 가장 가까운 곳에서 서식하는 야생 동물이며 인간에 대한 치명적인 공격도 없기 때문에, 사냥하기에도 편하고 포획하기에도 쉬운 동물이다.

갑골문에서 록(鹿)자❶는 자형이 매우 다양하게 등장하지만, 머리에 한 쌍의 뿔을 가진 발굽이 달린 동물임을 쉽게 알아볼 수 있다. 그러나 글자가 평면적으로 측면을 그렸기 때문에 네 개의 발이 두 개로 그려졌을 뿐이다. 이것은 모든 동물을 표현한 글자들의 일반적인 규칙이다. 자세히 살펴보면, 허공에 걸려 있는 발가락의 특징도 잘 표현되어 있다.

❶

나머지 사슴 류에 속하는 수렵 동물과 뿔이 자라지 않는 🦌, 🦌, 눈에 특별한 무늬가 있는 🦌 등의 글자들은 이후 대부분 형성자로 대체되었다. 그러나 후대의 어떤 글자가 정확히 이들 동물을 가리키는지 알 수 없으며, 또 이들이 표현한 품종이 정확히 어떤 것인지도 고증할 방법이 없다.

양주 시기 동안에는 사냥에 관한 기록이 거의 없으며, 록(鹿)자도 몇 개의 자형만 남았으며❷, 일부는 이미 매우 사실적으로 그려진 것도 아니었다. 『설문해자』에서 이렇게 해설했다.

> "록(鹿)은 야생 사슴을 말한다. 머리의 뿔과 네 다리의 모양을 형상했다. 새[鳥]와 사슴[鹿]의 발이 비슷하게 그려졌다. 그래서 비(比)로 구성되었다. 록(鹿)으로 구성된 글자들은 모두 록(鹿)이 의미부이다."(鹿, 鹿獸也. 象頭角·四足之形. 鳥鹿足相比, 从(從)比. 凡鹿之屬皆从鹿)

록(鹿)자의 소전체 자형에서는 이미 이전의 그림처럼 시각화되지 않았다. 『설문해자』에서는 록(鹿)자의 네 발을 새의 발과 비교했는데, 실제로 필요가 없는 말이다. 이 둘은 사실 매우 다르기 때문이다.

❷

🦌 🦌 🦌 🦌

002　고울 려

麗

lì

갑골문에서 려(麗)자는 사슴 머리에 한 쌍의 뿔을 확대한 모습(茻)으로, 매우 자세하게 그려 놓았다. 아름다움의 여부는 추상적인 개념이라 어떤 구체적 형태로 표현할 수가 없다.

고대 중국에서 이 아름답다는 의미는 한 쌍의 사슴의 뿔이 매우 아름답다고 여긴 것에서부터 만들어졌다. 이로부터 아름다움의 의미를 표현했을 것이다. 동주 시기의 초(楚)나라에서는 종종 무덤에 함께 묻힌 사람 얼굴을 한 조각상의 머리에 사슴뿔을 꽂아 놓거나, 혹은 사슴뿔 모양과 비슷한 사슴 모양의 나무 조각을 꽂기도 했다. 이렇게 볼 때, 한 쌍의 사슴뿔은 일반적으로 아름답고 화려한 것으로 여겨졌고, 이를 가지고서 그러한 의미를 표현했다고 추정할 수 있다.

금문❶에서 려(麗)자는 몇 개의 자형만 남아 있다. 동한 때의 사전인 『설문해자』에서는 3개의 자형❷이 수록되어 있는데, 두 번째는 고문체이며, 세 번째는 소전체이다. 소전체의 자형은 지나치게 단순하여 사슴의 뿔 두 개만 그려 놓아 표현된 것이 무엇인지 알아보기가 어려웠다. 그래서 후대에서 채택되지 않았으며, 지금은 첫 번째의 완전한 자형만 사용되고 있다.

❶　　　　　❷

▌사슴뿔을 꽂은 옻칠한
무덤지킴이 동물(鎭墓獸).
높이 96센티미터,
동주시대 초나라, 기원전
약 500~300년.

▌사슴뿔을 꽂은 옻칠한 용
구름무늬 무덤지킴이
동물(鎭墓獸). 높이
17.5센티미터(사슴뿔 제외),
전국시대, 기원전 403~기원전
221년.

▌옻칠한 목 조각 꽃사슴. 높이
77센티미터, 전국시대 초기, 호북성
수주(隨州) 증후을묘(曾侯乙墓) 출토,
기원전 5~기원전 4세기.

003 범 호

hū

갑골문에서 호(虎)자❶는 언급된 예가 너무 많고 각자 자신이 보이는 대로 그렸기 때문에 글꼴이 매우 다양하다. 처음 네 가지 모양 (🐅, 🐅, 🐅, 🐅)이 가장 사실적인데, 호리호리한 체구, 으르렁거리는 입, 두 귀가 세워진 동물의 형상으로, 그것이 호랑이의 형상임을 쉽게 알아볼 수 있다.

다섯 번째에서 일곱 번째까지의 자형은 그다음에 이루어진 변화로, 몸이 단순화되고 머리의 귀 특징만 남겨 두었다. 여덟 번째 자형은 필사의 순서를 편하게 하고자 귀를 코의 앞쪽으로 이동시켜 놓았다.

금문❷은 이 자형이 변해서 된 것이다. 갑골문의 호(虎)자 중 가장 간단한 형태(🐅)는 두 귀를 생략했을 뿐만 아니라 몸과 발도 하나의 선으로만 남겨 놓았다. 『설문해자』에서 이렇게 말했다. "호(虎)는 산에 사는 짐승의 왕이다. 호(虍)로 구성되었고, 또 인(儿)으로 구성되었다. 호랑이의 발은 사람의 발을 닮았다. 호(虎)로 구성된 글자들은 모두 호(虎)가 의미부이다. 호(𧇂)는 호(虎)의 고문체이다. 호(𧇀)도 호(虎)의 고문체이다.(𣦵, 山獸之

❶

君. 从虍, 从儿. 虎足象人足也. 凡虎之屬皆从虎 🐅, 古文虎 🐅, 亦古文虎)"

소전체의 자형(🐅)은 금문에서 왔는데, 가장 위쪽의 갈라진 부분은 호랑이의 귀이며, 중간 부분은 입을 벌린 머리이고, 아랫부분은 몸과 발이다. 호랑이의 머리 부분이 가장 특징적으로 그려져서, 다른 자형들과 혼동될 수가 없었다. 그래서 이것이 호랑이 형상을 대표하게 되었다. 또 소리부로도 사용되기에, 하나의 독립된 글자를 이루어 부수자가 되었다. 『설문해자』에서 이렇게 설명했다.

"호(虍)는 호랑이의 무늬를 말한다. 상형이다. 호(虍)로 구성된 글자들은 모두 호(虍)가 의미부이다.『춘추전』에서 말한 '호유여(虍有餘)'라고 할 때의 호(虍)와 같이 읽는다."(🐅, 虎文也. 象形. 凡虍之屬皆从虍. 讀若春秋傳曰: 虍有餘.)

호랑이는 고양이과에서 가장 큰 동물이다. 꼬리를 제외하고도 길이는 2미터나 되며 무게는 200킬로그램 이상이나 된다. 호랑이는 기후 변화에 잘 적응할 수 있는 동물이기에 분포 지역이 넓어 고대 중국에서는 흔한 동물이었다. 그러나 호랑이의 활동 영역이 점차 경작지로 개발되면서 원래의 생활공간을 잃는 바람에, 현재 중국에서 거의 멸종된 상태이다. 그러나 호랑이는 야생 동물 중에서 여전히 사람들에게 매우 친숙한 동물로, 장식용 도안에도 자주 사용된다.

모든 야생동물 중에서 호랑이를 사냥하는 것이 가장 위험했다. 고대사회에서는 호랑이의 사냥에 함정을 파거나 독을 바른 화살을 사용했다. 청동으로 만든 무기로 호랑이를 사냥한다 해도 매우 어려운 일이었다. 사냥꾼이 호랑이를 잡을 수 있었다면 이는 개인의 무용을 자랑삼을 만한 일이었다. 다음 쪽에 있는 유물은 성체 호랑이의 어깨뼈인데, 앞면에 매우 복잡한 무늬가 새겨져 있다. 골교(骨橋) 상에 그려진 무늬가 호랑이인데, 그 위로 두 층으로 된 도철(饕餮) 무늬와 간단하게 처리된 용무늬와 매미무늬가 있다. 그리고 뒷면에는 이렇게 기록되었다.

"신유일에 왕께서 계록이라는 곳에서 사냥을 하셨다. 화려한 무늬를 가진 커다란 호랑이 한 마리를 잡았다. 10월이었다. 왕의 재위 3년째 되던 '협사를 지내던 날이었다.'"

이 호랑이 뼈의 뒷면의 무늬와 앞면에 새겨진 기록은 모두 청록색의 돌로 만든 염료로 상감되었다. 이 기록은 상왕의 통치 3년째 되던 해 '협알' 제사를 거행하던 계절인 10월 신유일 이날에 '계록'이라는 사냥터에서 큰 호랑이를 사로잡았다는 내용이다. 이는 상 왕조의 마지막 황제인 주왕(紂王) 때의 일이며, 특별히 장인을 시켜 호랑이의 어깨뼈를 제거해 거기에다 무늬와 명문을 조각하여 사냥으로 잡은 호랑이를 장식품으로 삼았던 것이다.

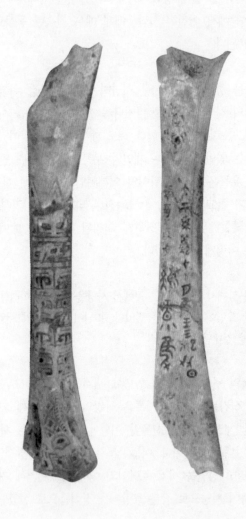

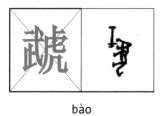

004 **사나울 포**

bào

일반인이 성체 호랑이를 혼자서 사냥하는 것은 매우 어려운 일이다. 이는 종을 많이 거느린 귀족들만이 할 수 있는 일이었다. 갑골문에서 포(虣)자는 낫 모양의 창[戈]과 하나가 호랑이를 마주한 모습()인데, 무기를 들고 호랑이와 싸우는 모습을 표현한 것으로 생각된다.

이것은 비이성적이고 거친 행동이다. 안전한 방법으로 멀리서 화살을 쏘거나 함정을 설치했을 것이다. 이러한 이유로, 여기에 '거칠다는 뜻이 생기게 되었다.

금문()의 구조도 마찬가지로 과(戈)와 호(虎)로 구성되었다. 소전에서는 과(戈)자가 무(武)자로 변하여 사납다는 뜻의 포(虣)가 되었다. 『설문신부』에서 이렇게 말했다.

> "포(虣)는 학대하다는 뜻이다. 급하다는 뜻이다. 호(虎)가 의미부이고, 무(武)도 의미부이다."(, 虐也. 急也. 从虎从武)

필획수가 많은 이 글자는 상대적으로 필획수가 적은 폭(暴)으로 표현되곤 했다. 예컨대, 폭호빙하(暴虎馮河)는 물에 뜰 장치도 없이 강을 건너거나 무기로 호랑이와 맞서 싸우다는 뜻인데, 비합리적이고 무모한 행동을 말한다. 그래서 의복을 뜻하는 의(衣)가 의미부이고 포(虣)가 소리부로 결합한 금문에서의 포()자는 자수를 놓은 옷의 깃을 말했는데, 이후 소리부가 포(暴)로 변했다().

005

탄식할 희

xì

금문의 희(戲)자 **❶**는 호랑이 머리(🐯), 낫처럼 생긴 창[戈](🗡), 그리고 등걸이 의자(🪑) 등 세 부분으로 구성되어, 창을 든 사람이 높은 의자에 앉은 호랑이를 찔러 죽이는 놀이를 하는 모습을 그렸다. 『설문해자』에서 이렇게 풀이했다.

"희(戲)는 삼군의 비주력 부대를 말한다. 달리 무기를 말한다고도 한다. 과(戈)가 의미부이고 희(虐)가 소리부이다."(戲, 三軍之偏也. 一曰兵也. 从戈, 虐聲.)

『설문해자』에서는 이 글자를 과(戈)가 의미부인 형성구조로 해석했다. 그러나 유희와 무기로서의 창[戈]은 직접적인 관계가 없다. 허신(許慎)도 희(戲)가 형성구조라고 한다면, 무기와 직접적인 관계가 있어야 한다는 것을 알았기 때문에 이 희(戲)자에 무기의 의미가 있다고 말했다. 그러나 이는 증명할 수 없는 부분이다. 그렇긴 해도 그가 말했던 '삼군의 비주력 부대'라고 한 것은 오히려 옳았다고 할 수 있다.

❶

서주 중기 때의 「리궤(釐簋)」를 보면, 어떤 사람을 '보희(輔戲)'라는 관직에 임명하는 내용이 있는데, 함께 내렸던 하사품이 상당히 풍성했음을 알 수 있다. 고대 사회에서 사람들은 황제를 폐하(陛下)라고 불렀다. 그것은 황제가 높디높은 대청마루에 앉아 있고 그의 신하들은 계단 아래(陛下)에서 명령을 받잡았기 때문이다. 이를 통해, '희하(戲下)'라는 말은 바로 군대가 주둔하던 어떤 중요 시설의 이름임을 알 수 있다.

『사기·항우본기(項羽本紀)』와 『사기·고제본기(高帝本紀)』에는 "제후들이 '희하'를 파하고 각자의 나라로 돌아갔다.(諸侯罷戲下, 各就國.)"라는 언급이 보인다. 또 『한서·두전관한전(竇田灌韓傳)』에서는 "관부가 장사 둘과 종놈 십여 명을 데리고 오나라 진지로 말을 몰고 쳐들어갔다. '희하'에 이르렀을 때는 이미 수십 명을 살해했다.(灌夫率壯士兩人, 及從奴十餘騎, 馳入吳軍, 至戲下, 所殺傷數十人.)"라고 했는데, 안사고(顏師古)는 "희(戲)는 군대의 큰 깃발을 말한다." 혹은 "희(戲)는 대장군의 깃발을 말한다."라고 주석했다.

이렇게 볼 때, 군영에는 필시 군대의 명령을 내리는 사령대가 있어야 한다. 이러한 사령대에는 지휘하는 큰 깃발이 내걸려져 있고, 장병들은 모두 그 아래쪽에서 명령을 들었을 것이다. 그래서 희하(戲下)라는 단어가 만들어진 것이다. 호랑이를 희롱하는 놀이나 군대에서 명령을 내리는 것은 모두 높이 만든 대(臺) 위에서 행해졌다는 공통점을 가진다.

「리궤(釐簋)」에서 말한 보희(輔戲)는 (높은 누대 위에서) 명령을 하달하는 사령관의 대리인의 관직을 말한다. 만약 희(戲)자의 창제의미가 희극(戲劇) 즉 드라마와 관련이 없다면, 왜 희(戲)자에 유희(遊戲)나 희롱(戲弄) 등과 같이 연기와 관련된 의미가 있는지 설명하기가 어렵다. 그래서 희(戲)자로부터 서주 시대 때에 이미 상업적 성격의 극단이 높은 누대 위에서 공연을 했다는 사실을 추정할 수 있다.

호랑이는 인간의 생명을 해칠 수 있는 위험한 존재이고, 또 사로잡기도 매우 어려운 동물이었기에, 창을 사용하여 호랑이와 싸우는 것은 비이성적이고 위험한 행동으로 간주되었다. 혹시라도 누군가가 자신의 담력과 용기를 과시하고 싶다면, 고대 사회에서는 호랑이와 싸우는 것보다 더 좋은 방법은 없었을 것이다. 그래서 호랑이와 싸우는 스토리를 연출했는데, 심지어 정말로 호랑이와 싸우는 것이었다면 고대사회에서 이보다 더 매력적인 예능 프로그램은 없을 것이다.

　　한나라 때의 장형(張衡)이 쓴 「서경부(西京賦)」에는 "동중국해의 황공(黃公)은 젊었을 때 맨손으로 호랑이와 싸우는 직업을 가졌었다. 그러다 나이가 들어서 자신의 몸이 약해졌다는 것을 모른 채 한번은 칼을 들고 산으로 호랑이를 잡으러 갔다가 도리어 호랑이에게 잡아 먹혔다."는 이야기가 있다. 사람들은 이 이야기를 꾸며서 대사와 동작이 있고, 화장을 하고 춤을 추는 재미있는 드라마 쇼로 편집하곤 했다. 베트남의 옛날 점성국(占城國)에서 온 연출자에 대한 기록도 있다. "우리를 열어젖히고 안으로 들어가 호랑이를 희롱하는데, 손을 호랑이 입속에다 넣고서 한참을 있어도 조금도 다치지 않았다."

006

범 발톱 자국 괵

guó

상나라와 주나라 시대에는 무기를 가지고 호랑이와 싸우는 공연뿐만 아니라 맨손으로 호랑이와 싸우는 스릴 넘치는 쇼도 있었다. 갑골문에서 괵(虢)자는 두 손으로 호랑이를 때려잡는 모습(🐯)을 그린 글자이다.

이것은 의심할 여지없이 청중들에게 더욱 흥미롭고 매력적이며 영웅적인 면모를 보여주었을 것이다. 괵(虢)은 지명으로, 금문에서는 일반적으로 ❶처럼 등장하지만, 괵(虢)자에 들었던 두 손의 위치가 바뀌기 시작했다. 한자는 네모반듯하고 균형을 유지하는 방향으로 진화하는데, 본래 호랑이의 머리를 잡고 있던 두 손은 호랑이의 왼쪽으로 옮겨졌고, 그중 한 손은 또 복(攵)자로 잘 못 바뀌었다. 그렇게 됨으로써 원래의 창제의미를 더는 찾아볼 수가 없게 되었다.

❶

[갑골문/금문 자형 이미지들]

『설문해자』에서 이렇게 말했다.

"괵(虢)은 호랑이의 발톱에 긁힌 분명한 자국을 말한다. 호(虎)와 륙(孚)
로 구성되었다."(虢, 虎所攫畫明文也. 从虎孚.)

허신은 이 단어의 의미를 호랑이 발톱에 의해 남겨진 분명한 흔적이라
고 설명했는데, 갑골문을 보지 못해 잘못 변한 자형에 근거해 억지 설명을
했던 것이다. 다행히도 지금은 갑골문을 볼 수 있기 망정이지, 그렇지 않았
더라면 이후 사람들은 원래 글자의 창제의미를 잘못 이해했을 것이다. 아마
도 괵(虢) 땅이 상나라 때 호랑이 쇼를 보여주던 유명한 곳이었을 것이라
추정된다.

❙ 속이 빈 벽돌에 그려진 희호도(戲虎圖). 서한 시대.

007 　코끼리 상

xiàng

코끼리는 울창한 밀림이나 열대의 숲이 매우 드문 목초 평원에서 서식하는 동물로, 오늘날 육지에서 생활하는 몸집이 가장 큰 동물이다. 갑골문에서 상(象)자❶는 길고 구부러진 코를 가진 동물을 명확하게 묘사한 상형자이다.

　고고 발굴로 볼 때, 코끼리 떼가 오랫동안 중국의 여러 지역에서 살았음을 확인할 수 있다. 6천여 년 전의 절강성 여요(餘姚)의 하모도(河姆渡) 유적지에서는 코끼리의 두개골과 태양을 바라보는 새 두 마리가 조각된 상아가 발굴되었다. 또 하남성 안양의 상 왕조 유적지에서는 코끼리뼈와 살아 있는 듯 사실적으로 주조되거나 다듬어진 청동기와 옥으로 만든 코끼리 형상의 기물도 발굴되었다. 그런가 하면 사천성 광한(廣漢)의 삼성퇴(三星堆)에서는 수십 개의 상아가 완전한 상태로 보존된 저장고가 발견되기도 했다. 이 모든 것은 코끼리가 중국의 북부지역에 광범위하게 서식했었으며, 사람들이 그들의 생태를 관찰하고 정확하게 설명할 수 있는 충분한 시간이 있었음을 보여준다.

❶

금문에 남겨진 족휘(族徽: 부족을 상징하는 엠블럼)부호(🐘)는 더욱 정확하게 묘사되어 있어, 이것이 코끼리라는 것을 알아보지 못한다는 것은 불가능하다. 금문에서 상(象)자의 일반적인 형태는 象이나 象으로, 어떤 것은 이미 알아보기가 쉽지 않다. 『설문해자』에서는 상(象)자에 대해 이렇게 설명하고 있다.

> "남월 지역의 몸집이 큰 짐승이다. 3년에 한번 새끼를 낳는다. 귀, 상아, 네 발 및 꼬리 모양을 본떴다. 상(象)으로 구성된 글자들은 모두 상(象)이 의미부이다."(象, 長鼻牙, 南越大獸, 三季一乳, 象耳牙四足之形. 凡象之屬皆从象.)

금문보다 소전체의 자형이 오히려 코끼리의 모습을 더 쉽게 알아볼 수 있다.

할 위

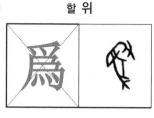

wèi/wéi

갑골문에서 위(爲)자❶의 경우, 앞의 세 가지 자형은 한 손으로 코끼리의 코를 끌면서 무엇인가를 하고 있는 모습이 분명하다. 마지막 세 가지 자형은 이들과 약간 다르다. 금문❷에서 자형은 더욱 이상하게 바뀌어, 이미 손으로 코끼리를 끌고 있는 원래의 의미를 더는 알아보기가 어려워졌다.

그래서 『설문해자』에서는 위(爲)자를 이렇게 설명했다.

"어미 원숭이를 말한다. 원숭이는 잘 달리는 짐승으로 손발톱을 잘 쓴다. 손발톱은 어미 원숭이의 특징적인 부분이다. 자형의 아래 배 부분은 어미 원숭이의 모습이다. 왕육에 의하면, '조(爪)는 손발톱을 그린 상형자이다.'라고 했다. 위(𤇾)는 위(爲)의 고문체인데, 원숭이 두 마리가 서로 마주보고 있는 모습이다."(𤓷, 母猴也. 其爲禽好爪. , 下腹爲母猴形. 王育曰: '爪, 象形也', 𤇾古文爲象兩母猴相對形.)

소전체(篆)만 하더라도 손으로 코끼리를 끄는 모습이 조금 남아 있었지만, 허신이 말한 고문체(👋)에서는 이마저도 완전히 파괴되어, 어미 원숭이나 원숭이 두 마리가 서로 마주보고 있는 모습 등 잘못 해석하게 되었다.

위(爲)자의 창제의미는 나무나 돌과 같은 무거운 물건을 운반하기 위해 코끼리를 길들이는 모습에서 비롯되었을 것이다. 『제왕세기(帝王世紀)』에는 순(舜)임금이 죽고 나서 코끼리 떼가 순임금의 생전의 위대한 인격에 감화되어 스스로 그의 무덤 주변으로 몰려와 밭을 갈았다는 전설이 기록되어 있다.

서주 때의 청동기 「광보(匡簠)」에는 '상악(象樂: 코끼리 음악)'과 '상무(象舞: 코끼리 춤)'라는 단어가 등장하는데, 이는 고대 중국인들이 코끼리를 길들일 줄 알았음을 말해 준다. 아프리카 코끼리는 몸무게가 7천5백 킬로그램이나 되며, 어깨 높이는 3~4미터에 이른다. 인도 코끼리는 몸집이 비교적 작지만 몸무게가 5천 킬로그램이며 어깨 높이는 2~3미터에 이른다. 코끼리는 성격이 온유하지만 사람들이 처음으로 이렇게 몸집이 큰 동물을 봤을 때, 코끼리에 접근하는 것에 대해 상당한 주의를 기울였다. 그래서 오랜 시간이 지나서야 코끼리를 길들여야겠다는 생각을 하게 된 것이다.

현재 태국이나 인도에서는 코끼리가 여전히 크고 무거운 나무를 나르고 있다. 고대 중국에서는 코끼리에게 이러한 일을 시키는 것 말고도, 그 거대한 몸집을 이용하여 전쟁에 참여시키기도 했다. 『여씨춘추·고악(古樂)』에서는 상나라 사람들이 코끼리 떼를 길들여 동이족을 맹렬하게 공격했다고 기록하고 있다. 『좌전』에서는 기원전 506년 초(楚)나라 소왕(昭王) 때 코끼리의 꼬리에 불을 붙여 미쳐 날뛰는 코끼리가 오(吳)나라 진영을 짓밟게 하여 결국 승리를 얻었다고 구체적으로 기록하였다. 수많은 코끼리가 살고 있는 인도에서는 코끼리의 등에 타고 전쟁을 하는 그림이 자주 보인다.

평생 동안 자라는 코끼리의 상아는 인간이 아끼는 소장품이 되었다. 아프리카 코끼리의 어금니는 길이가 2미터나 되고 무게도 45킬로그램이나 된다. 상아의 질감은 매끄럽고 섬세하며 무늬도 규칙적이며 칼로 조각을 해도 부서지지 않기 때문에 옥이나 다른 뼈보다 더 정교한 예술품으로 조각할 수 있었다. 『한비자·유로(喻老)』에 이런 기록이 있다.

> "송(宋)나라의 한 장인이 자신의 임금을 위해 상아로 닥나무 잎을 조각했는데, 3년의 세월을 거쳐 완성하였다. 조각된 닥나무의 잎에, 굴곡진 모양의 가지와 잎맥의 무늬는 끝이 뾰족한 세밀한 마디든 둥글고 부드러운 느낌이든 그 복잡함에 관계없이 진짜처럼 정교하게 조각해 실제 나뭇잎과 구분이 어려울 정도였다."(宋人有爲其君以象爲楮葉者, 三年而成, 豐殺莖柯, 毫芒繁澤, 亂之楮葉之中而不可別也.)

이러한 언급은 상아가 얼마나 세밀하게 조각될 수 있는지를 보여준다.

상아의 원래 모양은 제한되어 있지만 장인은 산액(acid liquor)을 사용하여 상아를 부드럽게 만들고, 짜 맞추는 방법을 응용해서 크고 복잡한 공예품을 만들어 낸다.

『진서(晉書)』에서는 상아로 만든 깔개에 대해 언급했는데, 먼저 상아를 세밀하게 실처럼 자르고 산액으로 부드럽게 한 다음 베 짜듯 짜서 깔개를 만들었다. 다음 쪽에 있는 상아 바구니도 마찬가지로 고도의 기술이 반영된 공예품이다.

▌상아를 조각해 만든
여러 층으로 된
손바구니. 높이
29.5센티미터, 청나라,
18세기.

▌목제 상아 병풍. 높이 60.3센티미터, 청나라, 18세기.

코끼리는 먹는 양이 많아 매일 2백 킬로그램 이상의 먹이를 소비한다. 상나라 때 농업은 이미 상당히 발전되어 많은 산림이 농지로 개간되는 바람에 이 거대한 짐승에게 먹일 충분한 사료가 없어졌다. 게다가 코끼리는 적어도 20살이 넘어야만 다소 복잡한 일에 활용할 수 있었기 때문에, 효율이 가축이나 말과 같은 가축보다 훨씬 떨어졌다. 코끼리를 사육하는 경제적 효과가 낮았기에 소수의 코끼리만 남아 황제의 노리개가 되었을 것이다. 예를 들어, 「광보(匡簠)」에서 언급한 '코끼리 음악'이나 '코끼리 춤'을 비롯해 동한시기의 성제(成帝) 때 임읍국(林邑國)의 왕이 무릎을 꿇고 절을 하도록 길들여진 코끼리를 황제에게 바쳤다는 기록 등이 이를 반영한다.

춘추시대에 장강이남 지역에서는 여전히 소수의 코끼리가 남아있었다. 그래서 초나라 왕이 코끼리 떼를 전쟁에 이용할 수 있었던 것이다. 주나라 이후, 기후 변화로 인해 날씨가 추워지는 바람에 코끼리는 더 적절한 환경을 찾아 남쪽으로 이동해야 했다. 코끼리 자체의 생활 조건과 다양한 인위적 요인으로 인해 중국에서 코끼리 떼의 멸종은 가속화되었다. 동한 때의 허신은 『설문해자』에서 코끼리를 남월(南越) 지역의 몸집이 큰 짐승이라고 말했다. 이 말은 한나라 때가 되면 극히 제한적인 울창한 숲을 제외하고 장강이남 지역에서도 코끼리 떼의 활동을 드물게 볼 수 있어, 이미 멸종 직전에 이르렀음을 말해준다.

▌청동으로 만든 코끼리
모양 술통[象尊]. 높이
22.8센티미터, 길이
26.5센티미터, 무게
2.57킬로그램. 호남성
예릉(醴陵) 출토, 상나라
후기, 기원전 13~기원전
11세기.

▌새 무늬 코끼리 모양 술통[象尊]. 높이 24센티미터, 길이 38센티미터,
서주 중후기, 기원전 11~8세기. 모습이 이미 실제 코끼리의 모습과 많은
차이가 난다. 당시 사람들은 이미 코끼리를 쉽게 볼 수 없었을 것으로
추정된다.

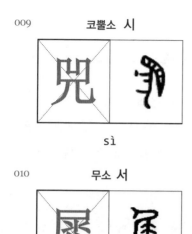

009 코뿔소 시

sì

010 무소 서

xī

갑골문에 있는 ❶과 같은 글자는 머리에 큰 뿔이 달린 동물의 모습이다. 이 동물은 상나라 때까지만 해도 자주 보이는 사냥감으로, 포획된 장소도 여러 곳 있었다. 포획 방법에는 함정 파기, 화살로 쏘기, 뒤쫓아 가기, 불을 질러 내몰기 등이 있다. 갑골문에는 한 번에 코뿔소를 40마리 잡았다는 기록도 있으며, 10마리 이상을 잡은 경우만 해도 여러 차례 있었다.

이렇게 볼 때, 코뿔소는 상나라 때만 해도 대량으로 존재하던 야생 동물이었음이 분명하다. 대부분의 학자들은 이 글자가 바로 코뿔소를 뜻하는 지금의 시(兕)자라 보고 있다.

❶

『설문해자』에서는 이렇게 말했다.

"시(兕)는 청록색의 야생 들소를 말하는데, 가죽이 두껍고 단단해 갑옷으로 만들 수 있다. 상형이다. 머리는 짐승[禽]이나 맹수[离]의 머리와 같은 모습을 했다. 시(兕)로 구성된 글자들은 모두 시(兕)가 의미부이다. 시(𠒇)는 시(兕)의 고문체인데, 사(厶)와 인(儿)으로 구성되었다."(象, 如野牛青色, 其皮堅厚可制鎧. 象形. 頭與禽离頭同. 凡兕之屬皆从兕. 𠒇古文从厶儿.)

이 세 가지 글자들을 비교해보면, 전후의 진화 과정을 대체로 살필 수 있다. 주나라에 들면서 코뿔소는 이미 매우 보기 힘들어져, 이 글자는 더 이상 언급이 안 되었다. 대신 우(牛)가 의미부이고 미(尾)가 소리부인 형성 구조의 서(犀)(犀)만 보인다.

『설문해자』에서는 이렇게 설명했다. "서(犀)는 남쪽 국경 바깥에서 나는 소를 말하는데, 뿔 하나는 코에, 다른 하나는 머리에 붙어 있다. 멧돼지와 비슷한 모습이다. 우(牛)가 의미부이고 미(尾)가 소리부이다.(南徼外牛. 一角在鼻, 一角在頂, 似豕. 从牛㞑聲.)" 뿔 하나는 코에, 다른 하나는 머리에 붙어 있다는 것은 코뿔소[兕]나 무소[犀]의 공통된 특징이다. 이 두 글자처럼 상형자가 이후 형성자로 대체되는 것은 한자 진화의 보편적 현상이다.

코뿔소는 덥고 습한 환경에서 생활하는 동물로, 지금은 주로 아프리카의 중부와 남부, 인도차이나 반도, 남양군도, 인도 대륙 등 모두 아열대 지역에 분포하고 있다. 중국 내에서 코뿔소는 운남성과 광서성 경계 지역을 제외하고 다른 지역에서는 이미 멸종되었다고 볼 수 있다. 그러나 지금으로부터 7천년에서 3천 년 전에는 기온이 지금보다 따뜻하여 코뿔소가 중국의 여러 지역에서 살 수 있었을 것이다. 6천 년 전의 절강성 여요(餘姚)의 하모도(河姆渡) 유적지와 하남성 석천(淅川)의 하왕강(下王崗)

유적지 등에서 모두 코뿔소의 뼈가 발견되어, 그 당시에 코뿔소가 중국에서 생존했음을 보여준다.

일부 학자들은 현재 알려진 상나라의 청동 무기로는 두껍고 단단한 코뿔소 가죽으로 만든 갑옷에 치명적인 타격을 입히기는 어려웠을 것이라고 생각한다. 그래서 갑골문의 시(兕)자는 중국에서 이미 멸종된 물소를 의미하였으며, 이후 코뿔소의 종류를 지칭하는 개념으로 쓰였다고 보고 있다. 사실, 코뿔소 사냥에 반드시 치명적인 무기를 사용할 필요가 없다. 함정을 파서 잡는 것은 고대 민족들이 큰 동물을 사냥하기 위해 흔히 사용하던 방법이기도 하다. 게다가 코뿔소의 가슴과 하복부는 다른 부위만큼 견고하지 않기 때문에, 상나라 때의 활과 청동 화살로도 코뿔소를 사살하는데 문제가 없었을 것이다. 더구나 독을 묻힌 화살을 사용할 경우에는 더더욱 그랬다. 토착 아프리카 코뿔소를 사냥한 무기도 매우 단순한 거였지만, 코뿔소를 멸종 직전에 이르게 한 것만 봐도 알 수 있다.

남겨진 기물을 보면, 상나라에서 지칭했던 시(兕)는 아마도 코의 끝과 이마에 각각 하나씩 뿔이 달린 짐승인 것으로 보인다. 전국시대 이전의 경우, 코뿔소는 여전히 중국 사람들에게 친숙한 동물이었기 때문에 코뿔소 모양의 청동은 매우 생생하고 사실적으로 만들어졌었다. 그러나 한나라 이후부터, 진짜 코뿔소를 쉽게 볼 수가 없게 되고, 책의 설명에 따라서만 그 형상을 이해할 수밖에 없었기 때문에 당시의 코뿔소 형상은 상당히 달랐다.

상나라 사람들이 코뿔소를 잡았던 가장 중요한 목적은 코뿔소의 견고한 가죽을 얻는 데 있었다. 코뿔소 가죽은 그 시대의 바느질로 이어 만든 갑옷에 가장 이상적인 재료였다. 서한에 들어서 철제 갑옷이 보편적으로 사용된 이후 코뿔소 가죽 갑옷이 철제 갑옷으로 대체되었지만, 서한 시대 이전에는 코뿔소 가죽 갑옷이 군인들의 일반적인 장비였다.

『초사(楚辭)·국상(國殤)』에서는 "오나라에서 만든 낫 창을 휘두르고 코뿔소로 만든 갑옷을 걸쳤네.(操吳戈兮披犀甲.)"라고 노래한 바 있다. 여기에서 볼 수 있듯, 코뿔소 가죽 갑옷은 당시의 가장 이상적인 전투 장비였음을 알 수 있다. 오나라에서 코뿔소 가죽 갑옷을 입은 군인 수가 많았다고 한다면, 고대 사람들이 코뿔소를 얼마나 무차별적으로 사냥했었는지도 상상할 수 있을 것이다. 따라서 중국에서 코뿔소가 멸종된 주된 이유는 기후가 더 추워지고 초원이 농경지로 변해 서식지를 잃은 이유 외에도, 사람들이 강하고 질긴 갑옷의 재료로 쓰고자 코뿔소를 마구잡이로 포획했던 것이 가장 큰 이유의 하나였을 것이다.

질기고 강한 가죽 외에도 사람들은 코뿔소의 뿔을 진귀한 물건으로 보았다. 코뿔소의 뿔에는 탄산칼슘, 인산칼슘, 티로신 등과 같은 성분이 포함되어 있어, 해열, 해독, 지혈 및 경기를 안정시키는 효과가 있다. 한나라 때의 사람들은 이미 이러한 의료적 효과를 이해했던 것으로 보인다. 『신농본초경(神農本草經)』에서는 코뿔소의 뿔을 중품(中品)에 넣어 놓고, 오랫동안 복용할 수 있고 치료제로 사용되는 의약 물질로 보았다.

코뿔소의 다양한 품종으로 인해 코뿔소의 뿔은 색상, 크기 및 모양이 각기 다르며, 일부는 날카롭고 얇은가 하면 일부는 두껍고 짧기도 하다. 그러나 원뿔 모양의 뿌리에는 자연적인 함몰이 있는데, 이러한 함몰 부위를 사용하여 용기를 만들 수 있었다. 『시경』의 「권이(卷耳)」편에서는 "에라, 무소뿔 잔에 술이나 부어, 기나긴 시름 잊어 볼까나?(我姑酌彼兕觥, 維以不永傷.)"라고 노래했다. 또 「칠월(七月)」편에서는 "그리고는 임금의 처소로 올라가, 무소뿔 술잔 들면서, 만수무강을 빌어보네.(躋彼公堂, 稱彼兕觥, 萬壽無疆.)"라고 노래했다. 또 「사의(絲衣)」편에서는 "코뿔소 뿔 잔은 구부정한데, 맛있는 술 잘 담겨 있네.(兕觥其觩, 旨酒思柔.)"라고 노래했다. 이들은 모두 코뿔소의 뿔로 술잔을 만들었음을 보여준다. 그러나 코뿔소 뿔의 의학적 효과를 그 시대에 이미 알고 있었는지는 알 수가 없다. 어쩌면 단지 귀한 재료였기 때문에 보물로 간주했을는지도 모른다.

한나라 때에는 이미 코뿔소 뿔의 치료 효과를 알고 있었기 때문에 코뿔소 뿔로 잔을 만들었는데, 술에 용해된 약용 성분을 동시에 섭취하여 수명을 연장 할 수 있기를 기대했을 것이다. 4세기 경 연금술사들은 수은, 단사, 유황, 사향 등과 같은 약물을 혼합하여 불멸의 효과가 있는 것으로 여겨지는 작은 단약을 만들었다.

코뿔소는 한나라 때에 이르면 이미 코끼리보다 더 희귀해졌기 때문에 그 뿔의 효과는 사람들에 의해 더욱 신비화되었으며, 심지어는 먼지나 추위 및 물을 피할 수 있다는 등 갖가지 불가사의한 마법의 효과가 있는 것으로 여겨졌다. 『한서·교사지(郊祀志)』에는 코뿔소, 학의 골수, 대모(매화 거북)와 같은 20여 가지의 물질을 사용해 삶은 후 곡물의 씨앗을 담가 두었다가 그렇게 자란 곡물을 먹으면 불멸장생의 효과를 얻을 수 있다고 한 왕망(王莽) 시대 때의 일에 대해 기록하고 있다.

▌청동 무소 술통[犀牛尊]. 높이 34.4센티미터, 길이 57.8센티미터, 섬서성 흥평(興平) 출토, 서한 시대, 기원전 206년~서기 25년.

▌청동 무소 술통[犀牛尊]. 높이 24.5센티미터, 속에 27자의 명문이
새겨져 있다. 상나라 왕이 인방(人方)을 정벌한 일에 대해 기록했다.
이는 인방(人方)에서 획득한 전리품일 것이다. 상나라 후기 제신(帝辛)
시대. 기원전 12세기~기원전 11세기.

▌연꽃 모양 무소뿔
잔[犀角杯]. 높이
10.5센티미터, 아가리
직경 19.5센티미터,
명나라, 서기
1368~1643년.

해치 치

zhì

갑골문에 있는 ❶과 같은 자형은 한 쌍의 평행한 긴 뿔이 있는 동물의 측면 모습이다. 자형으로 볼 때, 분명 치(廌)자(해치)이다. 금문에서 이 글자(🦌)는 잘 보이지 않는다. 『설문해자』에서는 치(廌)를 이렇게 해석했다.

"해치(解廌)라는 동물이다. 소처럼 생겼지만 뿔이 하나이다. 옛날 소송 사건을 해결할 때 이 동물로 하여금 정직하지 않는 자를 들이받게 하였다. 상형이다. 치(豸)의 생략된 모습으로 구성되었다. 치(廌)로 구성된 글자들은 모두 치(廌)가 의미부이다."(🦌, 解廌獸也. 似牛一角. 古者決訟, 令觸不直者. 象形. 从豸省. 凡廌之屬皆从廌.)

해치는 고대사회에서 존재한 동물이며 사람들의 범죄여부를 알 수 있는 신비한 능력을 있기에 심판에 도움을 주었다고 했다. 이는 신화 속의 상상의 동물을 묘사한 것처럼 보인다. 그러나 진실이 무엇인가를 알려면 우선 치(廌)로 구성되거나 이로 결합된 몇몇 글자들을 살펴보아야만 할 것이다.

❶

012 **천거할 천**

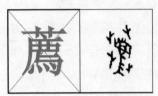

jiàn

금문에서 천(薦)자❶는 해치 한 마리가 풀숲에 숨어 있는 모습이다. 『설문해자』에서는 이렇게 설명했다.

"천(薦)은 짐승이 먹는 꼭두서니 풀(자리를 짜는 풀)이다. 천(薦)과 초(艸)로 구성되었다. 옛날, 신선이 해치를 황제(黃帝)에게 선사했다. 황제가 물었다. 무엇을 먹고, 어디에 사는 동물인지요? 그러자 이렇게 대답했다. 꼭두서니 풀을 먹고 자랍니다. 여름에는 연못가에 살고, 겨울에는 소나무가 있는 곳에서 삽니다."
(薦, 獸之所食艸也. 从廌艸. 古者, 神人以廌遺黃帝, 帝曰: ‘何時?何處?’ 曰: ‘食薦. 夏處水澤, 冬處松柏.’)

천(薦)은 풀로 짠 자리를 말한다. 이것은 해치[廌]가 먹는 풀[草]로 자리를 짠 훌륭한 재료라는 의미를 나타낸 것이다.

❶

법 법

灋

法

fǎ/fà

이는 금문에서 자주 보이는 글자인데❶, 치(廌: 해치, 🖌)와 수(水: 물, 🖌, 수평처럼 법이 공정함을 상징함)와 거(去: 가다, 🖌)로 구성되었다. 『설문해자』에서는 법(灋)자에 대해 이렇게 풀이했다.

"법(灋)은 '형벌(刑)'을 말한다. 물과 같이 공평해야하기에 수(水)로 구성되었다. 치(廌)는 옳지 않은 자를 뿔로 받아버린다. [뿔로 받아] 날려버리기 때문에 거(去)로 구성되었다. 법(🖌)은 금문체인데, 생략된 모습이다. 법(🖌)은 고문체이다."(灋, 刑也. 平之如水, 从水; 廌, 所以觸不直者; 去之, 从去. 🖌, 今文省. 🖌, 古文.)

전설에 의하면, 해치는 뿔을 사용하여 죄가 있는 사람을 들이 받는다고 한다. 그래서 죄가 있다고 의심이 드는 사람에게 해치를 데려갔을 때, 해치가 뿔로 그 사람을 받아버린다면 그 사람은 죄가 있는 것으로 여겼다고 한다. 그리하여 해치가 법을 상징하게 되었다.

사건을 판결하는 책임기관인 아문(衙門)에도 해치의 형상을 그렸으며, 관복의 등급을 나타내는 그림에도 해치를 도안으로 사용했다.

❶

경사 경

慶

qìng

갑골문에서 경(慶)자(慶, 慶)는 치(廌, 廌)와 심(心, ♥)이 조합된 모습이다. 해치의 심장은 약효가 있거나 맛있는 음식으로 간주되었기 때문에, 그것을 얻는다면 축하하기에 충분하다는 의미를 담았을 것으로 추정된다.

경(慶)자는 금문에서 자주 보이는 글자로❶, 기본적으로 치(廌)와 심(心)으로 조합되어 있다. 이중에서 두 개의 자형은 록(鹿)으로 구성되어 있어, 중국에서 해치라는 짐승의 흔적이 이미 사라졌을 것이 가능성이 크다. 그래서 『설문해자』에서는 이렇게 말했다.

"경(慶)은 다른 사람에게 하례를 하다는 뜻이다. 심(心)과 치(夂)로 구성되었고, 또 록(鹿)의 생략된 모습으로 구성되었다. 길례(吉禮)에서는 사슴의 가죽을 선물로 한다. 그래서 록(鹿)의 생략된 모습으로 구성되었다."(慶, 行賀人也. 从心·夂, 从鹿省. 吉禮以鹿皮為摯, 故从鹿省.)

❶

굴레 기

ji

갑골문에서 기(羈)자❶는 해치의 두 뿔이 밧줄로 묶여 있는 모습이다. 이 글자는 상나라의 갑골문에서 2기(二羈), 3기(三羈), 5기(五羈) 등 역참이라는 의미로 사용되었다. 수도였던 안양에서 시작해서 일정 거리마다 신속하게 정보를 보내기 위해 역이 설치되었을 것이다.

이 글자는 역참에서 수레를 끌거나 탈 것으로 쓰이던 공용 짐승이던 해치로부터 이미지를 가져 왔을 것이다. 밧줄을 사용하여 두 뿔을 묶어 표시를 해두어야만 일반 사람들이 (신화에 나오는) 해치와 혼동하지 않았을 것이고, 여기에다 더욱 소중히 여겨야 할 짐승이라는 뜻까지 담고 있다. 후대의 역참에서는 해치를 말로 바꾸어 운송 수단으로 삼았다. 그래서 『설문해자』에서는 이렇게 말했다.

"기(羈)는 말이 머리를 아래로 떨어트린 모습이다. 망(网)과 칩(䩭)으로 구성되었다. 칩(䩭)은 줄로 매다는 뜻이다. 칩(䩭)은 칩(䩭)의 혹체자인데, 혁(革)으로 구성되었다."(羈, 馬落頭也. 从网䩭. 䩭, 絆也. 䪉, 䩭或从革.)

허신은 말로 해치를 대신하였다.

❶

머리에 끈을 덮어씌운 모양이 소전체의 구조로는 표현하기가 어려웠던지 끈으로 말의 다리를 감싸거나 묶든가 하는 방식으로 나타내었다. 다만 말의 다리가 끈으로 묶여져 있다면 어떻게 달릴 수 있겠는가? 새로 만들어진 이 글자의 창제의미는 그다지 이상적이지 않아 보인다.

이상의 몇몇 글자를 통해 볼 수 있듯, 고대 중국에서 해치라는 동물이 존재했던 것은 분명하다. 그러나 후대에서는 왜 해치가 어떤 종류의 동물인지를 설명해내지 못했을까? 상나라 때의 갑골문에서는 이 동물의 털이 노란색이라고 했다. 그런데 20세기 베트남의 북부 정글에서 아래의 그림과 같은 동물이 발견되었다. 이전에는 전혀 알지 못했던 이 동물은 형상은 사슴을 닮았고 피부는 누른색을 한 커다란 들짐승으로 '사라'라는 이름이 붙여졌다. 고대 중국의 해치[薦]임이 분명하다. 해치[薦]는 이후 해치(解薦), 해치(解豸), 해치(獬薦), 해치(獬豸) 등으로 표기했는데, 옛날에는 한 글자에 여러 독음이 있었기 때문인 듯하다.

❚해치(解薦)의 실물 그림.

상나라 이후로 기온이 점차 내려가자 해치는 남쪽으로 이동할 수밖에 없었다. 그러다 결국 중국에서 사라졌고, 전설적인 짐승으로 남게 되었을 것이다. 생태와 기후는 밀접한 관련이 있다. 서로 다른 기후와 환경 및 관련 변화는 모두 각각의 생태 및 생활 방식을 가지는 것으로 변화될 수 있다. 문화를 연구할 때, 문화를 잉태하는 기후 배경도 무시할 수 없는 이유가 여기에 있다.

다양한 정보와 연구를 통해, 지구의 연간 평균 기온 변동은 지난 1만년 동안 섭씨 7도 이상에 달해 사람들의 활동과 식물의 성장에 커다란 영향을 미쳤다는 것이 밝혀졌다.

지금으로부터 약 9천 년에서 1만 년 전의 연평균 기온은 현재보다 섭씨 5도 정도 낮았다. 그 이후로 줄곧 기온이 줄곧 상승하여, 지금으로부터 약 7천 년에서 3천 년 전 사이가 가장 따뜻한 온도였다. 그 기간 중에서도 4천 2백 년 이전은 약간 낮았고, 3천6백 년 전에는 반등하여 상승했다. 그 당시의 평균 연평균 기온은 현재보다 섭씨 2도 정도 더 높았으며, 특히 1월에는 평균 기온이 현재보다 3~5도 높았을 것으로 추정된다. 개별 지역에 따라 차이는 더 클 수도 있다. 이 시기 이후로는 온도가 크게 떨어지면서 현재 평균 온도보다 1도~2도 사이에서 계속 반복적으로 오르내렸다.

서기 1천7백년은 최근 기온이 가장 저점에 도달했던 시기이다. 그런 다음 점차 기온이 올라가 지금의 온도에 이르렀다. 코끼리, 코뿔소, 해치 등과 같은 동물들이 중국에서 종적을 감춘 것은 추위를 피해 남쪽으로 이동했기 때문이다.

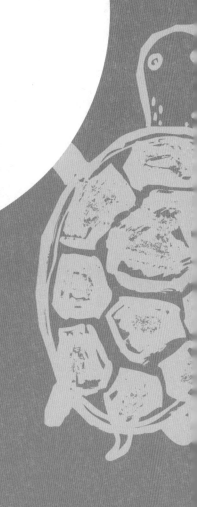

제2부

야생동물
(사령)

주나라 이후 중국인들은 우주가 물[水], 불[火], 나무[木], 쇠[金], 흙[土]의 5가지 물질 즉 오행(五行)으로 구성되어 있다는 개념을 가지고 있었다. 이는 자연에 대한 피상적인 관찰의 결과물로 특별히 새로운 것이 없다. 그러나 당시에 존재했던 음양(陰陽)학설에서는 우주의 변화를 음과 양의 두 동력의 상호 성장과 쇠퇴에 기인한다고 보았다. 전국시대 후기에 이 두 가지 이론이 결합되어, 우주는 음양의 성장과 쇠퇴 및 5가지 요소에 따라 규칙적으로 변화하고 운행한다고 생각했다. 사람들은 갈수록 오행 이론을 믿게 되었는데, 특히 한나라에서 최고조를 이루었다. 한나라에서는 이 5가지 요소를 색깔, 방향, 계절, 시간, 지리, 기물, 숫자, 음률, 교령 등 각종 사물과 결합시켜 설명함으로써 사회 전체가 미신적인 분위기에 빠졌었다.

　　오행과 결합된 몇 가지 신령스런 동물은 중국에서 자주 보이는 도안으로 등장한다(다음 쪽 그림).

　　이 동물들에는 여러 가지 조합 방식이 존재하나, 최종적으로 정해진 조합은 다음과 같다. 목(木: 나무)은 동방, 봄, 초록색, 비늘을 가진 용과 배합되었다. 화(火: 불)는 남방, 여름, 붉은색, 깃을 가진 새인 불사조[鳳, 봉새]와 배합되었다. 또 금(金: 쇠)은 서방, 가을, 흰색, 털을 가진 짐승 호랑이와 배합되었다. 수(水: 물)는 북방, 겨울, 검은색, 딱지나 비늘을 가진 거북이와 뱀과 배합되었다. 그리고 토(土: 흙)는 중앙, 여름과 가을 사이의 계절, 노란색, 벌거벗은 인간과 배합되었다. 인간은 모든 동물 중에서 가장 고귀하므로, 모든 것을 지배하는 중앙의 높은 위치에 자리하며, 그래서 상징하는 4개의 도안 속에 자리하지 않는다.

▌한나라 와당에 새겨진 사령 도안.
①용(龍), ②호(虎, 호랑이), ③봉(鳳, 봉새), ④귀(龜, 거북이)

016 용 롱

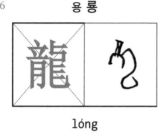

lóng

갑골문에서 용(龍)자❶의 경우, 머리에는 왕관 모양의 뿔이 달렸고, 긴 위턱과 짧고 아래로 굽은 아래쪽 턱, 크게 벌린 입과 드러난 이빨, 몸통은 말려 입과 다른 방향을 가진 동물의 모양이다. 금문까지만 해도 용(龍)자❷에는 아직 전체의 모습이 남아 있었다.

그러나 『설문해자』의 설명에 의하면, "용(龍)은 비늘을 가진 벌레 중 최고이다. 모습을 숨길 수도 모습을 드러낼 수도 있으며, 몸체를 가늘게 할 수도 길게 할 수도 있다. 춘분이 되면 하늘로 올라가고 추분이 되면 내려와 깊은 연못에 숨는다.(龖, 鱗蟲之長. 能幽能明, 能細能巨, 能短能長. 春分而登天, 秋分而潛淵.)"라고 한다. 이렇게 해서 용의 몸통이 머리로부터 분리되었고, 실제의 모습과는 더욱 멀어지게 되었다. 게다가 용의 뿔을 두고서 동(童)자의 생략된 모습으로 독음을 나타낸다고 설명했다.

❶   ❷

한자는 좁고 긴 대나무 쪽[竹簡]에다 쉽게 쓰기 위해 종종 동물의 몸통을 바꾸기도 했는데, 용의 네 발을 공중에 매달아 놓음으로써 마치 용이 똑바로 서서 날 수 있는 동물처럼 보이게 되었다. 사실 이 글자는 가로로 놓고 보아야만 한다.

용(龍)자는 짧은 다리가 있는 파충류의 형상을 그린 글자이다. 출토 유물에 보이는 도안으로 볼 때, 용의 초기 형상이 훨씬 더 사실적이며, 나중으로 갈수록 용의 신기로움을 부각시키기 위해 9가지의 다른 동물의 특징을 가지고 용을 수식하였다. 뿔은 사슴, 낙타와 같은 머리, 귀신과 같은 눈, 뱀과 같은 목, 조개처럼 생긴 배, 물고기와 같은 비늘, 독수리와 같은 발톱, 호랑이와 같은 발바닥, 소와 같은 귀 등이 그렇다. 이렇게 됨으로써 용은 실제로 존재하지 않는 신비한 동물이 되었다.

蒼龍　　白虎

▌하남성 무양의 무덤에서 발견된 용과 호랑이의 도안. 사신 옆에 조개로 꾸며졌다.

하남성 무양(舞陽)의 무덤에는 시신의 옆에 조개껍질로 만든 용과 호랑이가 배치되어 있다.

용은 고대의 토템으로, 상나라의 복사에서는 용(龍)을 이름으로 한 나라가 있었다. 용을 토템으로 삼은 국가의 이름일 것이다.

개화가 덜 된 부족들은 숭배하는 토템을 종종 그 민족을 탄생시킨 조상이라 여겼고, 대다수의 토템은 자연계에 실제로 존재하는 사물들에서 취했다. 서주 초기의 『주역』에서는 용은 깊은 연못에 숨어 있다가 하늘로 날아오르고 땅에서는 싸우며, 흘린 피는 진한 노란색(현황색)인 동물이라고 묘사했다. 『좌전』의 기원전 523년의 기사에서 이렇게 기록했다.

정(鄭)나라가 홍수로 고통을 받았을 때, 성문 밖의 유연(洧淵)이라는 큰 연못에서 용들이 서로 싸우고 있었다. 사람들은 제사를 지내 용들을 돌려보내고자 했으나 당시의 재상이었던 자산(子產)은 이 제안을 받아들이지 않았다. 그는 깊은 연못이 용이 사는 본래 집이니 사람들을 시켜 힘들게 쫓아 내지 않아도 된다고 했다 한다.

『좌전』에는 또 노(魯)나라 소공(昭公) 29년 때의 일을 기록하면서, 교외에 용이 나타났다는 일에 대한 위(魏)나라 헌자(獻子)와 채묵(蔡墨) 간의 대회를 이렇게 기록했다.

> "옛날 료(豂)나라에 숙안(叔安)이라는 임금이 있었는데, 그의 자손 중 동보(董父)라는 자가 용을 너무나 좋아해 용이 무엇을 좋아하는가를 헤아려 용을 먹여 키웠다. …… 그러자 용이 대부분 그를 잘 따랐다. 그리하여 용을 순종시켜 순 임금을 보좌하도록 하였다. 그러자 순 임금께서 그에게 동(董)이라는 성(姓)을 하사하셨고, 권룡(豢龍)이라는 씨(氏)를 내리셨다. ……하나라 때 이르러 (제14대 임금인) 공갑(孔甲)

이 상제를 잘 모시자 상제께서 용을 하사하여 타고 다니도록 해주셨다. 황해[河]와 한수[漢]에 각각 두 마리씩 보내주셨는데, 암수 한 쌍씩이었다. 그러나 공갑이 용을 잘 키우지 못했고 또 (용을 잘 키운다는) 권룡 씨도 찾을 수가 없었다. 도당씨(陶唐氏)도 이미 노쇠한 상태였는데, 마침 그의 후손인 유뢰(劉累)라는 자가 권룡씨에게 용 기르는 법을 배운 적이 있어, 공갑을 보좌하게 되었고, 이들 용을 잘 기를 수 있게 되었다. 하후씨가 이를 가상히 여겨 '어룡(禦龍)'이라는 씨를 하사했고, 그가 시위(豕韋)의 후손이 되도록 하였다. 그러다가 키우던 암컷 용 한 마리가 죽었다. 그러자 그 용을 소금에 절여 하후씨에게 대접했다. 하후씨가 이를 먹어보고서는 사람을 보내어 다시 먹게 해달라고 하였다. 그러자 그는 두려워서 노현(魯縣)으로 도망을 갔는데, 범씨(范氏)가 바로 그의 후손들입니다."

(昔有飂叔安, 有裔子曰董父, 實甚好龍, 能求其耆欲以飲食之, 龍多歸之. 乃擾畜龍, 以服事帝舜. 帝賜之姓曰董, 氏曰豢龍. 封諸鬷川, 鬷夷氏其後也. 故帝舜氏世有畜龍. 及有夏孔甲, 擾於有帝, 帝賜之乘龍, 河 漢各二, 各有雌雄, 孔甲不能食, 而未獲豢龍氏. 有陶唐氏旣衰, 其後有劉累, 學擾龍於豢龍氏, 以事孔甲, 能飮食之. 夏後嘉之, 賜氏曰禦龍, 以更豕韋之後. 龍一雌死, 潛醢以食夏後. 夏後饗之, 旣而使求之. 懼而遷於魯縣, 范氏其後也)

이러한 기록과 고대의 유물에 남겨진 도안 등으로 추측해 볼 때, 용은 원래 양서류와 파충류의 일반적인 총칭이며, 큰 것도 있고 작은 것도 있으며, 땅과 물에 모두 서식할 수 있고, 어떤 것은 높이 뛰어오를 수도 있어 마치 하늘로 날아오를 수 있는 것처럼 보이기도 하였다.

파충류는 종류가 다양하여, 크기도 다르고, 습성도 각기 차이가 있다. 황하와 한수에 서식하는 각기 다른 종류의 용을 설명한 것으로 보아, 다른 형태와 다른 종의 파충류 화석을 용으로 간주했을 지도 모르며, 그 때문에 용이 모양과 크기를 변경할 수 있다는 전설을 만들었을 것이다.

『설문해자』에서는 용(龍)에 대해 "용(龍)은 비늘을 가진 벌레 중 최고이다. 모습을 숨길 수도 모습을 드러낼 수도 있으며, 몸체를 가늘게 할 수도 크게 할 수도 있다. 춘분이 되면 하늘로 올라가고 추분이 되면 내려와 깊은 연못에 숨는다."라고 했는데, 우연히 발견한 고대 척추동물의 화석에 근거해 이렇게 연상했을 것이다.

당나라 때의 『감응경(感應經)』에는 다음과 같은 설명이 있다. "산언덕이나 험준한 산의 동굴에서 구름과 비를 만들 수 있는 곳에는 모두 용골이 있었다. 혹은 깊거나 혹은 얕기도 한 차이는 있었지만 모두 흙속에 있었으며, 이빨과 뿔과 발톱과 꼬리 모두 완연하게 갖추고 있었다. 큰 것은 수십 길[丈]이나 되고 또 열 아름[圍]을 가득 채웠다. 작은 것은 겨우 한두 자 정도에 지나지 않거나 서너 자 되는 것도 있었는데, 몸체는 모두 완전하였다. 일찍이 그것을 발굴해 본 적이 있다."

이것을 가져와 자연사 박물관의 전시물과 비교해 본다면, 크거나 작다고 한 용이 실제로 여러 척추동물의 화석임을 바로 이해할 수 있다. 고대 사람들은 화석의 크기에 차이가 많이 나는 것을 보고, 용이 체격을 바꿀 수 있다고 생각하였다. 복양(濮陽)의 무덤에서 발견된 용의 모습을 보면 이러한 유형의 동물에 대한 구체적인 형상을 알 수 있다.

용이 하늘을 날고 비를 내리게 할 수 있다고 여겼다면 그것은 장강(양쯔강) 양편에 서식하는 양쯔 악어의 생활 습관과 관련이 있을 수 있다. 용의 모양을 보면 거친 얼굴, 평평하고 긴 입, 날카로운 이빨을 가졌는데, 중국 지역에서 이러한 모습을 한 동물로는 악어 이외에는 없다. 양쯔 악어는 뿔이 없는 것만 제외하면 몸과 얼굴 모두 용의 묘사와 비슷하다. 그래서 양쯔 악어가 용 형상의 뿌리가 될 수 있다. 양쯔 악어는 가을이 되면 숨고 봄이 되면 동면에서 깨어나는 습관을 갖고 있으며, 종종 뇌우가 치기 전에 동면에서 깨어난다. 고대 사람들은 종종 악어와 뇌우가 동시에 나타나는 것을 보았기에, 용이 하늘을 날고 또 비를 내릴 수 있다고 상상했을 것이다.

사람들이 용이 비를 내려줄 수 있는 힘이 있다고 믿은 것은 적어도 상나라까지 거슬러 올라갈 수 있다. 갑골 복사에 "농경지에다 용을 만들면 비가 올까요?"(『합집』 29990편)라는 기록이 있는데, 이는 흙으로 용을 만들어 비를 내리게 해달라는 의식을 거행할 것인가를 점쳐 물은 내용이다. 서한의 동중서(董仲舒)는 『춘추번로(春秋繁露)』에서 토룡을 만들어 기우제 의식을 거행할 때 오행과 어떻게 배합시켜야 하는지에 대해 매우 상세하게 기록했다. 계절에 따라 만들어야 하는 수량, 크기, 색깔도 다르고, 심지어 가서 춤을 추며 의식을 거행하는 사람의 숫자도 다르다.

이러한 전통은 근대까지 계속 이어져, 농부들은 바다의 용왕에게 비를 내려 줄 것을 기원했다. 고대 중국은 농업 사회였기에, 물의 공급은 농작물의 수확과 밀접한 관련이 있었다. 그래서 용이 이렇게 존중을 받았던 것이다. 그러나 상나라 때만 해도, 용이 비를 내려줄 수 있다는 믿음이 아직 완전히 확립되지 않았고, 용이 신비롭다고 생각하는 개념도 막 싹텄던 때였으므로, 용에게 비를 기원하는 경우는 매우 드물었다. 그때 가장 자주 볼 수 있는 비를 기원하는 방식은 산과 강의 신령을 숭배하고 음악과 춤을 제공하며 제사장을 불태우는 것이었다.

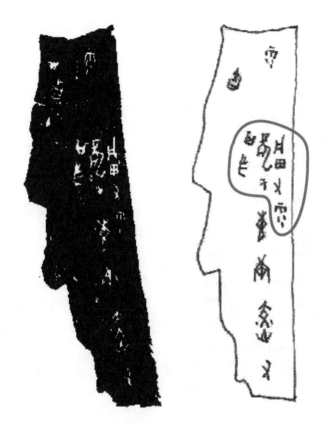

▎『갑골문 합집(合集)』 제29990편. 붉은 동그라미를 친 곳에 "농경지에다
용을 만들면 비가 올까요?(其乍(作)龍于凡田, 有雨?)"라는 각사가
보이는데, 이는 토룡을 범(凡)이라는 벌판에다 만들면 비가 내릴
것인지를 물은 내용이다.

용이 이후에 황족의 상징이 된 것은 한 고조 유방(劉邦)의 탄생 전설과 관련이 있을 것이다. 『사기·고조본기(高祖本紀)』에는 유방과 용에 대한 두 가지 이야기가 기록되어 있다. "유방의 어머니 유온(劉媼)이 한 번은 큰 연못의 언덕에서 쉬고 있다가 신과 만나는 꿈을 꾸었다. 그 때 천둥과 번개가 치며 온 천지가 캄캄해졌고 유방의 아버지 유태공(劉太公)이 가서 보았더니 교룡이 그 위에 있는 것이 보였다. 좀 있다가 임신이 되어 고조 유방을 낳았다."

이후 그는 "사수(泗水)의 정장(亭長)이 되었는데, 관아의 관리들 중 그를 업신여기지 않는 사람이 없었다. 그래서 술과 여색에 취해 지냈다. 왕온(王媼)과 무부(武負)를 좋아해 빚을 내서 술을 사 마시곤 했다. 한번은 술에 취해 자는데, 무부와 왕온이 보니 그의 몸에 항상 용의 무늬가 있어 이상하게 생각했다."

한 고조 유방은 평범한 가정 출신이었기 때문에 황제가 된 그를 신화화할 필요가 있었고, 그래서 한 평범한 사람이 하늘이 내린 운명을 받아들여 황제의 자리에 올랐다는 합리성을 가진 이야기를 만들어내야 했을 것이다. 그러나 용이 귀족의 상징이었기 때문에 이러한 이야기를 만들어 낸 것인지, 아니면 이러한 이야기를 만들어 내는데 우연하게 용이 선택되었고 그 바람에 용이 황족의 상징이 된 것인지는 알 수 없다.

017 말릴 한

hàn

갑골문에 등장하는 한(熯)자는 시대에 따라 여러 가지 모습으로 변한다. 초기에는 한 사람이 양손을 엇갈리게 하여 배를 누르고 있거나 입을 벌리고 고함을 치는 모습이다 ❶. 또 어떤 때에는 사람 아래에 불꽃❷이 더해져 불로 태우는 모습이기도 하다❸. 이후 자형에 조금 변화가 생겼는데, 두 다리가 교차되어 불 위에 놓인 모습이다❹. 혹은 불과 교차되지 않은 두 다리만 그려지기도 했다❺. 금문에 남겨진 자형들은 비교적 복잡한 자형에 속한다❻.

『설문해자』에서는 이렇게 설명했다.

"한(熯)은 마른 모습이다. 화(火)가 의미부이고 한(漢)의 생략된 모습이 소리부이다. 『시』에서 '우리 크게 말려서 [예에 어긋남이 없네]'라고 노래했다."(熯, 乾皃. 从火, 漢省聲. 詩曰: 我孔熯矣.)

그러나 한자는 좌우구조로 변하려는 경향이 있어 소전체에 들면서 불꽃을 그린 화(火)가 글자의 왼편으로 옮겨가게 되었다. 그렇게 됨으로써 제사장을 불에 태운다는 원래의 뜻을 상실했고, 더는 원래의 의미를 추측하기가 어려워지게 되자, 형성구조로 오인하게 된 것이다.

만약 가뭄이 들어 비가 내리지 않는다면 식물이 제대로 성장하지 못할 것이며, 풍성한 농작물의 수확도 쉽지 않을 것이다. 한(嘆)의 창제 의미는 기근으로 인해 배가 고파 양 손을 배꼽에 대고 하늘을 향해 울부짖으며 먹을 것을 내려달라고 하는 데서 왔다. 상나라 때에는 이 글자에 기아와 가뭄이라는 두 가지 의미가 들어 있었다. 점복을 행할 때, 불에 태워지는 사람의 이름이 항상 언급되었는데, 이는 이 사람의 지위가 사소한 노예나 범죄자가 아니라 매우 중요한 자임을 설명해 준다. 즉 귀신과 소통할 수 있었던 제사장일 가능성이 높다.

제사장을 불에 태워 비를 기원하던 믿음은 춘추시대 때에도 여전히 인기가 있었다. 예컨대『예가·단궁(檀弓)』에 이런 기록이 있다.

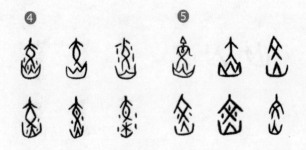

가뭄이 들자, 목공(穆公)이 현우(縣于)를 불러들여 그 이유를 물었다. '하늘에서 오랫동안 비가 내리지 않고 있소. 상제께 다리를 저는 제사장을 불에 태워 나의 의지를 보이면 어떻겠소?'

그러자 이렇게 답했다. '하늘에서 오랫동안 비가 내리지 않았다고 해서, 다리를 저는 제사장을 불에 태워 제사를 지내는 방식으로 비 내리기를 기원하는 것은 지나치게 학대하는 것이라 적당한 방법이 아닌 것 같습니다.'

목공이 다시 말했다. '그렇다면 여자 제사장을 불에 태워 제사를 지내면 효과가 있을까요?' 현우가 대답했다. '하늘에서 오랫동안 비를 내려주지 않는데 그것을 바란다고 여자 제사장을 불에 태워 기원한다는 것도 너무 이상한 일이 아닐까요?'

목공은 가뭄을 해결하기 위해 다리를 저는 남자 제사장을 불에 태우려고 했으나 곤경에 처해 답을 듣지 못했고, 그러자 다시 여자 제사장을 불에 태워 제사를 지내려 했으나 이 또한 현우의 동의를 얻지 못했다.

비를 기원하기 위해 제사장을 불에 태운다는 것은 정말 순진한 생각이 아닐 수 없다. 상제에게 그의 대리인인 제사장을 불에 태워 고통에 시달리도록 하면 제사장의 고통을 덜어 주기 위해 상제가 비를 내려 줄 것이라고 생각했던 것이다.

❻

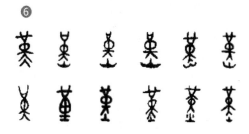

사람들을 불에 태운다면 죽을 수 있기 때문에, 쉽게 이 방법을 사용할 수 없었다. 그러나 이러한 잔인한 관습은 동한 때까지도 여전히 남아 있었다. 『후한서·독행(獨行)』에는 대봉(戴封)이 서화령(西華令)을 맡았을 때, 비가 오랫동안 내리지 않자 장작을 쌓고 자신이 장작더미 위에 앉아 스스로 불을 질렀는데, 막 불이 타오를 때쯤 하늘에서 큰 비가 쏟아져서 이후 중산후국(中山侯國)의 재상으로 승진했다는 기록이 있다.

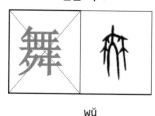

018 춤출 무

wǔ

상나라에서 비를 기원하던 가장 일반적인 방법은 춤을 추는 것이었다. 갑골문에서 무(舞)자❶는 소꼬리 같은 소품을 양손에 들고 춤을 추는 사람의 모습을 그렸다. 이 글자의 자형을 분석해 보면, 🚶는 우선 정면으로 서 있는 큰 사람의 모습이다. 그리고 가장 윗부분은 사람의 머리이고, 그 아래로 나누어진 두 개의 대각선 그림은 두 손이며, 가장 아래의 두 획은 서 있는 발이다.

이 도형은 단독으로 사용될 때에는 대(大: 크다)자이다. '크다'는 개념은 추상적인 것으로, 둘을 비교하는 상황에서 생긴다. 그래서 영원히 가장 큰 것이 있을 수 없다. 더 큰 것을 찾았다면, 원래의 큰 것은 상대적으로 작은 것이 된다. 작은 것도 마찬가지로 더 작은 것이 언제나 존재할 수 있다.

❶

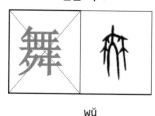

우리의 일상생활에서 크고 작음은 자주 사용해야 하는 개념이다. 그러나 이러한 개념을 글자로 만들어야 한다면 어떻게 표현할 것인가? 고대 사람들은 어른의 몸체가 어린 아이보다 훨씬 더 크다고 생각했기에, 어른이 서 있는 정면 모습으로써 '크다[大]'는 추상적 개념을 표현했다. 다른 문명이었다면 다른 표현 방식이 채택되었을 수도 있다. 대(大)자는 사람의 형체에 국한되지 않고, 코끼리, 큰 수박, 호우, 홍수, 뚱뚱한 사람 등과 같이 큰 개체와 많은 양을 표현하는 개념으로 사용되었다.

그러므로 대(大)자를 통해 무(舞)자가 성인의 춤추는 모습을 그렸음을 알 수 있다. 두 손에는 무용 도구를 들고 있는 것으로 이해될 수 있다. 무용 도구의 역할은 춤을 추는 무용수의 모습을 아름답게 해주며 춤의 모습에 다양한 변화를 주기 위한 것이다. 춤[舞]은 원래 갖가지 변화된 모습을 가지고 있지만, 하나의 고정된 모습과 독창적인 모습을 가져야만 다른 글자로 오인되지 않는다. 『여씨춘추·고악(古樂)』에는 이런 기록이 있다. "옛날 갈천씨(葛天氏)의 음악에서는 세 사람이 소꼬리를 잡고 발을 구르며 춤을 췄으며, 동시에 팔결(八闋)이라는 곡을 불렀다." 이런 모습이 고대 무용에서 가장 흔한 장면이었을 것이다. 그래서 손으로 움직이는 소꼬리가 춤의 형상으로 사용되었을 것이다.

동물의 꼬리는 보통 길기 때문에 긴 선으로 표현된다. 직선의 양쪽으로 있는 여러 개의 짧은 획은 털을 나타낸다. 동물에 따라 꼬리털이 많은 것도 있고 적은 것도 있기에 한 획이든 두 획이든 세 획이든 아니면 네 획이든 모두 실제 정황이며, 다른 글자와 혼동되지 않는다. 그래서 정해진 개수로 표현할 필요는 없었다. 글자를 창제하고 글자를 쓸 때, 다른 글자와 혼동되지 않아야 한다는 것은 반드시 고려되어야 할 요소였다.

금문❷에 이르면 무(舞)자의 자형이 크게 변화한다. 특히 무용 도구를 표현하는 부분이 많이 바뀌었다. 무(舞)자의 경우, 갑골문에서는 모두 원래 의미인 '춤'으로 사용되었지만 금문에서는 이 글자가 대부분 유무(有無: 있음과 없음)의 무(無)자로 사용되었다. 대개 원래의 '춤추다'는 뜻과 구별될 수 있도록 본래의 자형에다 두 발(舛)을 더하여, 춤을 추는 동작을 더욱 분명하게 하였다. 『설문해자』에서는 이렇게 풀이했다.

"무(舞)는 음악을 말한다. 발을 서로 등지게 사용하였다. 천(舛)이 의미부이고 무(無)가 소리부이다. 무(翠)는 무(舞)의 고문체이다."(舞, 樂也. 用足相背. 从舛, 無聲. 翠, 古文舞.)

이후 유무(有無)의 무(無)자는 원래의 무(舞)자 자형에 의미부인 '무(亡)'를 첨가하여 오늘날 간략하게 쓴 모습의 무(無)자로 변했다. 만약 초기의 자형이 없었더라면 후대의 무(舞)나 무(無)자로는 원래의 창제의미를 추측하기 매우 어려웠을 것이다.

❷

갑골 복사에서 '춤추다'는 뜻의 무(舞)는 매우 자주 언급된다. 상나라에서 춤을 추었던 목적이 무엇인지, 누구에게 보여주기 위한 것이었는지 흥미가 생길 수밖에 없다. 갑골 복사는 상나라 왕이 나라의 여러 문제를 다루기 위해 신들에게 조언을 구한 점복의 결과물이라, 매우 신중한 일이다. 상나라 이전의 기록은 전하지 않기 때문에 상나라의 기록이 더욱 중요한 가치를 갖게 되었다.

갑골 복사의 춤[舞]에 대한 언급 중 열에 아홉은 '비'와 관련되었다. 제사도 모두 상나라 사람들이 비를 내려 줄 수 있다고 믿었던 신령들을 대상으로 삼았었다. 그래서 무(舞)자에는 종종 춤추는 사람의 머리 위에 빗방울을 그려 넣음으로써 그 특별한 기능을 나타내었다.

019

봉새 봉

fèng

갑골문에서 봉(鳳)자❶는 특정 유형의 조류를 자세하게 묘사한 것으로, 머리에는 볏이 있고, 길고 긴 깃털과 꼬리가 그려졌으며, 때로는 꼬리에 특별한 무늬가 들어 있다. 봉(鳳)은 종종 용(龍)과 짝을 이루어 등장하는데, 각각 황후와 황제를 대표하거나 여성과 남성을 상징하여, 결혼식에서 없어서는 안 될 장식도안이기도 하다.

이러한 미술 소재로서의 봉(鳳)은 분명 처음에는 실제로 존재한 새였는데, 이후에 9가지 서로 다른 동물의 특징이 조합된 모습으로 변해, 완전히 상상 속의 신령스런 존재가 되었을 것이다. 『설문해자』에서는 이렇게 해설했다.

"봉(鳳)은 신령스런 새이다. 황제의 신하였던 천로(天老)가 이렇게 설명했다. '봉새의 모습을 보면, 앞부분은 기러기, 뒷부분은 사슴, 목은 뱀, 꼬리는 물고기, 무늬는 용, 등은 거북이, 턱은 제비, 부리는 닭의 모습이며, 5가지 색상을 다 갖추었다. 동방의 군자의 나라에서 나며, 날개를 펼치고 비상하여 사해 바깥을 날고, 곤륜산을 지나 지주(砥柱)에서 물을 마시며, 약수(弱水)에서 깃을 적시며 목욕하고, 밤이 되면 풍혈(風穴)에서 잠을 잔다. 봉새가 나타나면 천하가 태평하게 된다.' 조(鳥)가 의미부이고 범(凡)이 소리부이다.

❶

봉()은 봉(鳳)의 고문체이며, 상형이다. 봉새가 날면 수만 마리의 새가 떼를 지어 난다. 봉()도 봉(鳳)의 고문체이다."(鳳, 神鳥也. 天老曰: '鳳之象也, 鴻前, 鹿後, 蛇頸, 魚尾, 龍文, 龜背, 燕頷, 雞喙, 五色備擧. 出於東方君子之國, 翺翔四海之外, 過崑崙, 飮砥柱, 濯羽弱水, 莫宿風穴. 見則天下大安寧.' 從鳥凡聲. , 古文鳳, 象形. 鳳飛, 群鳥從以萬數. , 亦古文鳳)

이에 의하면 봉새는 오색찬란하고 매우 아름다운 새이다. 9는 단위 수에서 가장 큰 숫자이며, 용과 봉은 최고로 고귀한 한 쌍의 조합이다. 그래서 9가지의 동물로 합성해야 했을 것이다.

그러나 갑골문의 자형으로 볼 때 봉(鳳)자는 공작이나 그와 비슷한 모습을 가진 큰 새를 기반으로 그렸을 가능성이 높다. 중국 지역은 지금은 열대 지역에 사는 공작이 나지 않지만 3천 년 전의 기후는 현재보다 훨씬 따뜻했기 때문에 이런 새를 당시의 일부 지역에서는 볼 수 있었을 것이다. 용은 비를 제어할 수 있는 신성한 힘을 가지고 있다는 사람들의 오해로, 그 신성한 힘은 다양한 문헌과 전설에 흩어져 등장한다. 하지만 봉새[鳳]와 바람[風]의 관계는 초기의 기록에서 보이지 않는다. 봉새를 뜻하는 봉(鳳)은 이후 바람을 뜻하는 풍(風)으로 차용되었는데 순전히 독음이 같아서 그랬던 것이다. 봉새는 바람을 유발하는 신비로운 힘이 없기 때문에 실제 생존했던 새가 될 가능성이 더 높다. 그러나 이후 너무 많은 신화적인 색채가 더해지는 바람에 봉새의 진정한 모습을 잃고 말았다.

020

바람 풍

fēng

봉(鳳)자는 상나라의 복사에서 대부분 새의 의미로 사용되지 않고, 풍우(風雨: 바람과 비)의 풍(風)으로 가차되었다. 이후 봉새와 빌려 쓴 바람의 의미를 구분하기 위해 봉새를 그린 봉(鳳)자 위에 소리부인 범(凡)이나 형(兄)을 더했다(🦜, 🦜).

그리하여 풍(風)자는 '바람'을 뜻하는 형성자가 되었다. 봉(鳳)이 의미부이고 범(凡)이 소리부인 이 풍(風)자는 주나라에 이르러 바람이 아닌 오히려 '봉새'의 의미로 쓰이게 되었다(🦜).

『설문해자』에는 봉(鳳)자의 자형이 3개나 등장한다. 고문자형(🦅)은 갑골문의 봉(鳳)자가 잘못 변한 글자일 것인데, 그래도 긴 꼬리 깃이 많은 새의 모양을 찾아볼 수 있다. 그러나 🦅은 🦅이 이미 봉새의 모습과 너무 달라, 여기에다 의미부인 조(鳥)자를 새로 더해 만든 글자일 것이다. 그리고 소리부 범(凡)이 들어간 풍(風)자가 이미 봉새의 의미로 쓰였기 때문에, 풍우(風雨)의 풍(風)자를 위해 새로운 글자 하나를 만들어야 했을 것이다.

❶

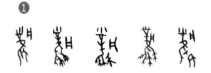

『설문해자』에서 풍(風)자에 대해 이렇게 해설했다.

"풍(風)은 팔방의 바람을 말한다. 동방의 바람을 명서풍(明庶風), 동남방의 바람을 청명풍(淸明風), 남방의 바람을 경풍(景風), 서남방의 바람을 량풍(涼風), 서방의 바람을 창합풍(閶闔風), 서북방의 바람을 불주풍(不周風), 북방의 바람을 광막풍(廣莫風), 동북방의 바람을 융풍(融風)이라 한다. 충(虫)이 의미부이고 범(凡)이 소리부이다. 바람이 불면 벌레들(蟲)이 생겨나고, 8일이 지나면 부화한다. 풍(風)으로 구성된 글자들은 모두 풍(風)이 의미부이다. 풍(凤)은 풍(風)의 고문체이다."(䑞, 八風也. 東方曰明庶風. 東南曰淸明風. 南方曰景風. 西南曰涼風. 西方曰閶闔風. 西北曰不周風. 北方曰廣莫風. 東北曰融風. 从虫凡聲. 風動蟲生, 故蟲八日而化. 凡風之屬皆从風. 凤, 古文風)

한 자형(䑞)은 충(虫)이 의미부이고 범(凡)이 소리부인 구조이며, 다른 하나는 고문 자형(凤)인데 일(日)이 의미부이고 범(凡)이 소리부인 구조이다. 풍우(風雨)라고 할 때의 풍(風)자는 본래 일(日)이 의미부가 되어야 더 합리적이지만, 자형의 구조에 대해 잘 알지 못하는 바람에 지금은 충(虫)이 의미부이고 범(凡)이 소리부인 소전체의 자형만 통용되게 되었다.

갑골문의 풍(風)자에는 범(凡)을 소리부로 사용한 글자와 형(兄)을 소리부로 사용한 글자가 있는데, 일부 학자들은 상나라 이전의 한자에는 한 글자에 두개 이상의 자음을 가진 복음절 현상이 존재했을 것이라 믿고 있다. 필자는 일찍이 한족의 전설 중 복희(伏羲)와 여와(女媧)가 원래는 대만의 고산족의 창시 조상인 'piru karu'와 그의 여동생에게서 기원했을 것이라는 가설에 대해 연구한 바 있다.

주법고(周法高)가 『한자고금음휘(漢字古今音彙)』에서 재구한 결과에 따르면 복희(伏羲)의 선진시대 때의 독음은 대략 'bjwak xiab'로, 첫 음절의 첫 번째 자음 'b'는 대만 고산족의 인류 탄생설화의 주인공인 'piru karu'의 'p'와 같이 순음(脣音)에 속한다. 'x'는 두 번째 음절의 첫 자음 'k'와 같이 후음(喉音)에 속한다.

게다가 복희(伏羲)는 중국에서 성이 풍(風)이었다는 기록도 있으며, 갑골문에서 사용된 두 가지 독음부호로 쓰였던 범(凡)과 형(兄)도 마찬가지로 하나는 순음(脣音)이고 다른 하나는 후음(喉音)이다. 그리고 몇몇 2음절어로 된 어휘들, 예컨대 해치(解豸), 창경(倉庚), 인동(忍冬), 오공(蜈蚣) 등도 모두 고대에 존재했던 다음절어의 흔적일 가능성이 높다.

앞에서 소개했던 치(廌)자의 경우 갑골문에서는 하나의 독립된 상형 문자였다. 그러나 한 왕조 이후로 치(廌)는 종종 해치(解廌), 해치(解豸), 해치(獬豸) 등 2음절어로 불렸는데, 이는 아마도 상나라(혹은 그 이전) 때 치(廌)가 두 개의 독음으로 읽혔다는 증거가 될 수 있다.

또 갑골문에는 록(彔)자❷가 있는데, 물을 긷는 도르래의 모습을 그렸다. 이후 산기슭을 뜻하는 산록(山麓)의 의미로 가차되기도 했다. 이 록(彔)도 후대에서는 노로(轤轆)라고 하여, 2음절어로 불렀다. 또 곽(郭, 〓)자의 자형도 갑골문에서는 독립된 상형자로, 사면에 망루가 설치된 성을 그린 글자다. 그러나 금문에서는 독음이 다른 곽(郭)과 용(墉)의 두 글자로 분화했다. 곽(郭)은 어(魚)의 양(陽)운으로 'kwak'과 같이 읽는다. 용(墉)은 옥(屋)의 동(東)운으로 'riewng'과 같이 읽는다. 이는 각기 원래 글자인 곽(郭)의 제1음절과 제2음절에서 온 것으로 보인다.

❷

이집트의 기원전 16세기 때의 벽화석각에는 동쪽의 항구에서 화물을 싣고 있는 모습이 묘사되어 있는데, 거기에는 성서체로 쓴 여러 비문이 새겨져 있다. 배의 위쪽에 기록된 문자에서 적재된 화물이 각양각색의 진귀한 물품과 향료임을 말해주고 있다. 그중 계수나무(Osmanthus)라는 항목이 있는데, 달아 놓은 주석에 따르면 계수나무는 표의자로, '가루로 만들 수 있는 나무'라는 의미를 담았다. 여기에다 'khesyt 나무'라는 독음 부호가 추가되었다. 중국의 한자도 마찬가지이다. 처음에는 상형자거나 표의자였던 것이 이후 독음을 잘 알아볼 수 있도록 소리부를 더하여 형성구조로 변했다.

예를 들어, 경작하다는 뜻의 적(耤)자❸는 경작지에서 사람이 쟁기를 미는 모습인데, 이후 금문에 이르러. 석(昔)이라는 독음 부호가 더해졌고❹, 지금은 형체가 줄어 적(耤)자가 되었다.

그래서 이집트 문자에서 '계수나무'를 그렸던 글자의 독음은 'khesyt'였다. 계수나무의 식물 학명은 'Cinnamomun cassia auct. family Lauraceae'이다. 기원전 16세기에 자바인(Javanese)들이 그 화물의 공급을 통제했고 그들은 정향을 중국의 계피와 교환한 다음 이를 서방의 아프리카와 서아시아에다 팔았다. 식물 학명인 '계수나무(cassia)'는 북 아셈어(North Assam)의 'khasi'에서 왔다. 이 어휘는 분명 그것의 원산지에서 왔을 것인데, 중국 광서(廣西) 지방의 언어임이 분명하다. 자바인(Javanese)들이 판매했던 계피의 원산지는 오늘날 중국의 광서와 광동(廣東) 두 지역에 해당한다. 이곳을 옛날에는 '계(桂)'라고 불렀다. 계(桂)자의 『광운』음은 고(古)와 혜(惠)의 반절로, 재구된 상고음은 'kwev'인데, 단음절어이다. 그러나 'Khasi'에 든 'ks'는 복자음의 2음절인데, 이는 원산지의 언어에서 '계수나무'의 원래 이름이 2음절 혹은 그보다 많은 다음절임을 말해 준다. 그래서 중국어에서 '계(桂)'의 상고음 운미 'v'는 제2음절이 남겨놓은 흔적일 것이다.

021

범 호

hū

사령(四靈) 즉 네 가지 신령스런 동물 중 세 번째 동물은 호랑이이다. 가장 자주 보이는 호랑이의 색깔은 노랑이지만 오행설에서 호랑이의 색은 흰색으로 묘사되어 있다. 이것은 아마도 의도적인 배열일 것이다. 자연적인 호랑이의 색깔이 무시된 것은, 흰색의 호랑이를 초자연적 신령스런 힘의 상징으로 보았던 결과이다.

그것은 "흰색 호랑이는 인자하여 사람을 해치지 않는다."라는 관념에서 나왔을 것이다. 호랑이의 평균 수명은 고작 11살에 불과한데다 흰색 호랑이는 굉장히 드물기 때문에, 호랑이가 5백 살이 되어야지 털색이 흰색으로 변한다고 억지 설명을 하기도 했다. 왕이 포학하지 않고, 동물과 식물이 모두 왕의 인덕을 느낄 때만 흰색 호랑이가 나타난다고 한다.

만약 신비하고 괴이한 이러한 설명을 채택하지 않았다면, 흰색 호랑이는 나이가 너무 들어 다른 약한 짐승을 사냥할 수가 없어서 남겨진 먹이만 먹기 때문에 살생을 하지 않는 것이 될 수도 있다. 실제로 호랑이는 강하고 큰 짐승을 피하는 것이 보통이고, 배가 고프거나 분노했을 때만 공격할 대상을 가리지 않고 공격한다. 『역경·리괘(履卦)』에 "호랑이의 꼬리를 밟았는데도 사람을 물지 않으니, 길할 것이다.(履虎尾, 不咥人, 亨.)"라는 언급이 있다.

게다가 호랑이는 밤에 사냥을 즐겨하므로, 해당 지역 사회의 인간들에게 재앙이 되지 않는다. 배불리 먹었던 때라 호랑이가 물지 않았을 것이다. 또 다른 견해도 있다. 부남국(扶南國)의 임금은 살아있는 호랑이를 먹여 키우는데, 소송에서 판정할 일이 생겨 누가 옳고 그른지를 판단하기 어려운 경우에 호랑이 우리에 사람을 보냈고, 그래도 호랑이가 물지 않으면 이 사람이 문제가 없는 쪽이라 여겼으므로, 사람들은 호랑이를 신령스런 존재로 보았다고 한다.

고대 사람들은 모든 사물에 정령이 깃들어 있다고 믿었다. 위력이 강력할수록 마력도 높아진다고 생각했다. 게다가 어떤 것과 관련이 있다고 하면 그것의 영향력에 감응된다고 믿었다. 그래서 이를 먹거나 그 가죽을 덮어써서 이러한 것의 영적인 힘을 얻을 수 있기를 바랐다.

후대에 사람들은 이미 이러한 원시 신앙에 대한 믿음이 옅어지긴 했지만 일부는 여전히 남아 있었다. 그래서 무사들은 호랑이 머리나 호랑이 가죽으로 전투복을 장식함으로써, 호랑이의 마력을 이용하여 적을 놀라게 하거나 그들의 말을 위협할 수 있기를 바랐다. 그것은 재앙을 피하는 기능 외에도 동료에게 그 장비를 과시할 수 있는 기능도 있었다.

사람들은 또 무서운 호랑이가 어린 아이들을 보호하기에 충분한 힘을 가지고 있다고 믿었다. 어린 아이가 사악한 기운의 공격을 받지 않게 하거나 호랑이처럼 용감하게 자라기를 원했기 때문에 소년의 모자를 호랑이 모양으로 만들곤 했다. 갑골문에서 모(冒: 모자)자는 호랑이 모자의 형상을 그렸다. 그래서 호랑이는 어린 아이들을 보호하는 신으로 여겨졌으며, 심지어 성인들도 호랑이 모양의 베개를 사용하여 잠을 자면 사악한 기운을 내칠 수 있다고 믿었다.

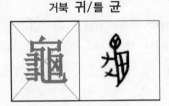

022

나라 이름 구/
거북 귀/틀 균

qiū/guī/jūn

북방을 대표하는 것은 몸을 보호할 수 있는 갑각을 가지고 있는 동물이다. 처음에는 거북이를 북방의 상징으로 사용했으나, 전국시대가 끝날 무렵에는 거북이 몸을 감싼 뱀이 더해졌는데, 이를 합쳐 현무(玄武)라고 불렀다.

야생 동물 중에서 양서류에 속하는 거북은 사람들이 수천 년 동안 가장 친숙하게 여겼던 동물이다. 갑골문에서 구(龜)자❶는 거북이를 측면에서 묘사한 모습이다. 그러나 금문의 자형들(🜨, 🜨)을 살펴보면, 갑골문에 그려진 이들 거북은 다른 글자로 보이는데❷, 아래를 내려다보는 모습을 했다. 『설문해자』에서 이렇게 풀이했다.

"구(龜)는 구(舊)와 같아 오래 되다는 뜻이다. 바깥 뼈와 내부 살을 그렸다. 타(它)로 구성되었다. 거북의 머리(귀두)와 타(它=蛇, 뱀)의 머리가 같은 모양이기 때문이다. 천지만물의 성을 살펴보면, 넓은 어깨를 가진 것이 수컷이 아니다. 그런데도 거북이나 자라 같은 것은 이 거북(它)을 수컷으로 삼는다. 🜨는 발과 딱지 및 꼬리를 그렸다. 구(龜)로 구성된 글자들은 모두 구(龜)가 의미부이다."(🜨, 舊也. 外骨內肉者也. 从它. 龜頭與它(蛇)頭同. 天地之性, 廣肩無雄. 龜鼈之類, 以它為雄 🜨 象足甲尾之形. 凡龜之屬皆从龜)

❶   ❷

소전체에서는 측면과 평면의 두 가지 모습이 남았다. 아주 일찍부터 사람들은 거북이가 가진 다양한 천부적인 능력, 특히 거북이의 장수에 대해 잘 알고 있었다. 장수는 특히 후대에 들어 사람들이 간절히 바라는 것이기에, 귀년(龜年)이나 귀령(龜齡) 등과 같이 거북이의 이름을 따서 명명되었다. 그러나 현대에서 거북이의 가치가 변하여, 조롱과 놀림의 대상이 되고 말았다.

상나라에서 거북을 가장 많이 사용했던 곳은 점복의 재료였다. 멀리 5천 년 전에 사람들은 큰 포유류의 뼈를 불에 지져 갈라지는 금의 모양에 따라 사안의 길흉을 점쳤다. 대략 상나라에 이르러 비로소 거북껍질을 불에 지져 점복에 사용하게 되었으며, 그것이 짐승 뼈를 지져 점치는 것보다 더 영험하고 효과적이라고 생각했다. 그 유명한 갑골문은 바로 상나라 왕실에서 쳤던 점복의 기록이며, 지금까지 알려진 가장 이르고 대단히 풍부한 갑골문에 기록된 문헌이다.

상나라에서 사용한 거북의 껍질은 대부분 외지에서 왔다. 그 중 많은 곳이 수천 마일 떨어진 남중국해의 따뜻한 수역에서 온 것으로 확인되었다. 이는 상나라 사람들이 거북의 영험함을 상당히 신뢰하고 존중하여, 엄청난 비용도 아까워하지 않고 바다거북을 그 먼 곳에서 중원지역까지 운반해 왔음을 알게 해 준다. 그러나 이러한 믿음은 한나라에 들어 점차 약해졌다.

사마천이 『사기』를 쓸 때 원래는 「귀책열전(龜策列傳)」을 쓰려고 기획했으나 안타깝게도 본문은 전해지지 않았고, 이후 저소손(褚少孫)에 의해 추가 기술되었을 뿐이다.

❙ 점복에 사용된 거북딱지. 길이 16.2센티미터, 상나라, 기원전 14세기~13세기.

거북이 이렇게 존중받았던 것은 거북의 생활 습관과 관련이 있다고 해야 할 것이다. 거북의 습관은 은거하는 도사처럼 구애나 짝짓기 할 때를 제외하고는 전혀 소리를 내지 않는다. 거북은 강한 공격 능력은 없지만 운 좋게도 단단한 껍질을 갖추고 있다. 그래서 몸 전체를 움츠려 갑각 속으로 숨어 적의 공격을 피할 수 있다. 거북의 폐는 대량의 공기를 저장할 수 있다. 그러나 격렬하게 먹이를 찾아야 하거나 목숨 걸고 도망칠 필요가 없기 때문에, 천천히 호흡하여 물리적 에너지 소비를 최소화시킨다. 게다가 몸속에 충분한 물과 영양분을 저장할 수도 있어 오랜 시간 동안 마시거나 먹거나 움직이지 않고도 살 수 있다. 고대 사람들도 이런 종류의 거북 껍질을 점복에 사용하면 특별히 영험하다 생각했던 것이다.

고대 사람들은 거북이의 이런 굶주림에 대한 참을성, 갈증에 대한 참을성, 자동 치유 및 1백년 이상을 살 수 있는 장수와 같은 특이한 천성을 이해하였기에, 거북이 신비한 힘을 가지고 있어 신들과 의사소통할 수 있다고 생각하였던 것이다. 그리하여 거북딱지를 점복의 도구로 사용하였고, 신령에게 물어 길함과 흉함을 예측했다. 전국시대에 이르자 사람들은 거북이의 긴 수명을 느린 호흡과 덜 움직이고 덜 먹는 습관 때문이라고 여겼다. 그래서 거북이와 같이 느린 호흡과 음식을 적게 먹는 방법 등을 통해 장수의 기술을 얻기를 희망했다. 심지어 거북이를 키우기만 해도 영원히 건강하고 장수할 수 있다는 미신까지 생기기도 했다.

용의 비늘과 거북이의 딱지는 비슷한 성질과 외관을 가지고 있다고 할 수 있는데, 비슷한 재료로 자라서 그렇게 되었다고 생각했다. 그래서 거북이는 북쪽을 대표하도록 선택되었고, 다른 세 가지 동물과 함께 사령 즉 네 가지의 영험한 존재가 되었다. 그것은 거북이 견고한 딱지를 갖고 있고 검은색을 띤 외모 때문이 아니라 앞서 말했듯 먹지 않고 움직이지 않고 오래 살 수 있다는 특이한 능력 때문이었다. 그러므로 거북은 강한 이미지를 갖고 있다고 할 수 없다. 그래서 사람들은 사령의 이름이 갖는 영험 때문에 머리를 들고 혀를 내민 뱀을 거북이의 몸을 감싸게 하였고, 이렇게 합쳐진 모습을 현무(玄武)라 불렀다. 이후 현무(玄武)는 청나라의 성조(聖祖)인 현엽(玄曄)과 같은 한자를 가져서는 안 되었기에, 진무(眞武)로 이름을 바꾸기도 했다.

사방을 대표하는 네 동물은 음양오행설이 유행한 이후에 등장한 것은 아닐 것이다. 왜냐하면 6천여 년 전의 하남성 복양(濮陽)의 서수파(西水坡) 유적지에서 조개껍질로 배열된 용과 호랑이의 도안이 발견되었고, 전국시대 초기 때의 옻칠한 나무 상자에서 28개의 별자리(28수)의 이름이 새겨졌는데, 용과 호랑이의 형상이 등장하기 때문이다(아래 그림 참조).

▌붉은 색으로 칠한 28수의 이름이 새겨진 칠 옷상자. 길이 71센티미터, 너비 47센티미터, 높이 40.5센티미터. 호북성 수(隨)현에서 발굴. 전국시대 초기. 기원전 5세기~기원전 4세기.

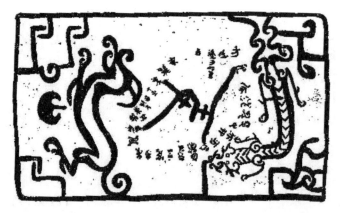

상자 뚜껑에 그려진 용과 호랑이를 포함한 28수의 그림.

상자의 위치로 볼 때, 용과 호랑이는 각각 동쪽과 서쪽의 방향을 대표한다. 옻칠한 나무 상자에는 남방과 북방의 신을 나타내는 도안은 보이지 않는데 뚜껑에 여분의 공간이 없었기 때문일 것이다. 왜 이 네 가지 동물로 네 개의 방향을 나타내게 되었는지 그 이유는 분명하지 않다. 지리적 방향도 이 네 가지 동물의 산지와는 아무 관련이 없어 보인다. 그렇다면 그것들이 모두 신성한 힘을 가지고 있고 서로 다른 색깔과 질감을 가졌기 때문에 선택되지는 않았을까?

처음에는 이 네 마리의 동물들이 특정한 색과 배합되지 않았지만 나중에는 오행 학설의 영향으로 모든 종류의 사물들이 이 체계에 포함되어야 했으므로 청룡(靑龍), 주작(朱雀)(鳳), 백호(白虎), 현무(玄武)라는 이름이 등장하게 되었다. 그러나 사실은 이들의 털이나 피부 등 실제 색깔과는 일치하지 않는다. 그러나 네 가지 영물을 네 가지 색깔에 배합한다는 관념은 이미 사람들 마음 깊숙이 자리 잡아 후세 화가들도 이러한 색상 배열을 따르게 되었다.

023

뱀 사

shé/yí

현무(玄武)는 뱀이 거북이의 몸을 감싸고 있는 형상이다. 이는 사람들의 상상에서 나온 모습으로, 실제 세계에서는 이런 현상이 일어날 수 없을 것이다.

고대 사람들은 거북이가 몸을 보호할 수 있는 딱딱한 딱지를 가지고 있지만 공격 능력이 전혀 없기 때문에 사령, 네 가지 신령의 명성에 손상을 입히므로 공격성을 갖고 있는 뱀을 거북이 딱지를 감싸게 하여 하나의 형체로 만들었고, 머리를 쳐들고 혀를 내미는 모습으로 사람들에게 공포심과 두려움을 느끼게 만들었다.

사(蛇)에 대해서 『설문해자』에서는 이렇게 설명하고 있다.

"사(蛇)는 벌레의 일종이다. 벌레이면서 긴 것을 그렸는데, 꼬리를 말아 올린 모습이다. 고대에는 풀숲에 살았기 때문에 뱀 걱정이 많았다. 그래서 서로 만날 때 '뱀이 없었는가요?'라고 인사했다. 타(它)로 구성된 글자들은 모두 타(它)가 의미부이다. 타(蛇)는 타(它)의 혹체자인데, 충(虫)으로 구성되었다."(它, 虫也. 從虫而長, 象冤曲尾形. 上古艸居患它, 故相問無它乎. 凡它之屬皆从它. 蛇, 它或从虫.)

❶

허신은 타('它)가 사(蛇)자의 기원이라고 설명했다. 금문에는 ❶과 같은 타('它)자가 있는데, 겉보기에는 뱀의 형상처럼 보인다. 이 뱀은 몸을 똑바로 세우고 경계하며 공격하려는 모습이다. 그러나 타('它)자는 전혀 뱀의 의미로 사용되지 않았고, 의성어로 쓰이거나 물을 담는 기물의 일종인 이(匜)의 소리부로 쓰였다. '뱀'은 상나라 왕이 점을 쳤던 대상에 포함되지 않았기 때문에 갑골문에서는 이 글자가 보이지 않는다. 그러나 『설문해자』에서 말했던 것처럼 고대 사람들의 거주 지역에는 뱀이 많아서 사람들이 뱀에게 물릴까 걱정이 많았다. 그래서 서로 만나면 뱀에게 물리지는 않았는지를 안부로 묻곤 했다.

오히려 갑골문에는 ❷와 같은 글자들이 보이는데, 발이 뱀에 물린 모습이다. 어떤 학자들은 이것이 원래의 타('它)라고 생각한다. 초원이 아직 완전히 농지로 개발되지 않았던 고대에는 뱀에 물리는 일이 흔하였다. 그래서 사람들은 아침에 만나 서로 인사를 할 때 뱀에게 물리지는 않았는지를 안부로 물었던 것이다. 따라서 "무타(亡'它)" 즉 "뱀에게 물리지 않았어요?"가 상나라 때 안위를 묻던 말이 되었고 재난을 나타내는 용어가 되었다. 필리핀 정글에는 구석기 시대에 살았던 동굴 원시인들이 있는데, 그들에게는 신령이라는 개념이 없었다. 그들은 만약 병이 들면 병세가 발전하여 신음을 하는 단계가 되어도 자신의 몸속에 있는 본능적인 저항력에만 기댈 뿐 귀신이나 신의 도움을 구할 줄 몰랐다. 그러나 일단 뱀에게 물리게 되면 특정 약초로 치료를 할 수 있다는 것은 알았다. 상나라 사람들도 뱀에 물리면 어떤 약초로 치료할 수 있다는 것은 확신했을 것이다.

❷

024

벌레 충/훼

chóng/huǐ

타(它)자는 종종 의성어로 가자되어 쓰였기 때문에 뱀의 의미를 표현하기 위해서는 원래 형태에 충(虫)을 더한 사(蛇)를 만들어 사용했다. 갑골문에서 충(虫)자❶는 ƫ자의 아랫부분인데, 뱀의 형상으로 보인다. 금문❷에는 충(虫)자의 특징이 아직 보존되어 있다.

『설문해자』에서는 이렇게 해석했다.

"충(虫)은 달리 복(蝮)이라고도 한다. 너비가 3치[寸]이고, 머리 크기는 엄지손가락만하다. 누워 있는 모습을 그렸다. 기어 다니거나 날아다니거나 털이 있거나 나나니벌 종류나 비늘이 있는 것들 중 미세한 것들은 모두 충(虫)으로 모습을 그렸다. 충(虫)으로 구성된 글자들은 모두 충(虫)이 의미부이다."(虫, 一名蝮. 博三寸, 首大如擘指. 象其臥形. 物之微細, 或行, 或飛, 或毛, 或臝, 或介, 或鱗, 以虫爲象. 凡虫之屬皆从虫.)

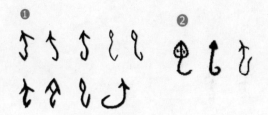

허신은 충(虫)자를 설명하면서 땅을 기어 다니는 뱀의 모양을 그렸다고 했다. 또 충(虫)은 각종 크고 작은 곤충, 혹은 기어 다니거나 날아다니는, 털이 있거나 없는 것, 비늘이나 갑각이 있는 모든 생물을 대표할 수 있다고 도 했다. 이러한 견해는 문제가 없다고 생각한다. 예컨대 호랑이도 대충 (大蟲: 큰 벌레)이라 부르기도 했기 때문이다. 또 작은 벌레에 대해서는 갑골문에 고(蟲)자가 존재한다.

025　　독 고

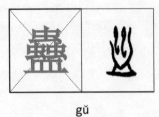

gǔ

갑골문에서 고(蠱)자❶는 한 마리 혹은 두 마리의 작은 벌레가 그릇(Ｖ)에 담긴 모습이다. 한자에서는 보통 3(세 개)으로 많음을 표현하는데, 세 개를 등장시킬 때에는 위에 한 개 아래에 두 개의 삼각형 모양으로 배열된다. 그래서 충(虫)이 충(蟲)자로 변했으며, 고(蠱)도 그릇 속에 세 마리의 벌레가 든 모습이다.

『설문해자』에서는 이렇게 설명하고 있다.

"고(蠱)는 뱃속에 든 벌레를 말한다. 『춘추전』에 이런 설명이 있다. '명(皿)과 충(虫)이 합쳐진 글자가 고(蠱)라고 했는데, 어두운 곳에서 자라나기 때문이다.' 올빼미가 찢어져 죽은 귀신도 고(蠱)라고 하기도 한다. 충(蟲)으로 구성되었고, 또 명(皿)으로 구성되었다. 명(皿)은 쓰는 그릇을 말한다."(蠱, 腹中蟲也. 春秋傳曰: '皿虫爲蠱, 晦淫之所生也.' 梟磔死之鬼亦爲蠱. 从蟲, 从皿. 皿, 物之用也.)

❶

고(蠱)를 두고 뱃속에 든 벌레라고 했는데, 자형을 보면 벌레는 여전히 그릇 속에 놓인 모습이다. 갑골 복사에 "이빨이 아픈데, 벌레가 있을까요?(有疾齒, 唯蠱?)"라는 기록이 있다. 치통이 벌레에 의해 생긴 것인지를 점쳐 물은 것이다.

고대에는 살충제를 사용하지 않았기 때문에 식용하는 채소에서 벌레가 발견되는 것은 항상 있는 일이었다. 부패한 고기에서도 벌레가 생기는 것은 자주 보는 일이었다. 고대 사람들은 회충으로 인한 배앓이, 설사, 치통 등등과 같은 질병이 모두 음식을 잘못 먹어서 그리고 작은 벌레를 삼켜서 그렇게 된 것이라고 쉽게 상상했을 것이다.

제3부

일반동물
(조류와 기타)

조류는 인류가 아주 일찍부터 포획할 수 있었던 동물이지만 고기를 공급하는 다른 동물만큼 이익이 없고 사실 잡는 것도 쉽지 않다. 새의 아름다운 깃털은 사람들이 장식물로 사용하였으며, 특히 잡기 어려운 커다란 맹금의 깃털은 권세 있는 사람의 신분적 상징으로 사용되었다. 이외에도 새는 경제적 가치가 거의 없었으므로, 갑골문에서 새의 포획에 대한 기록이 거의 없다. 그러나 새는 곡식의 어린 싹을 쪼아 먹기 때문에, 곡물을 재배하는 농부들은 새들을 쫓아내거나 죽여서 농작물을 보호해야만 했다.

한나라 때의 『설완·군도(君道)』에서는 새를 몰아내 뽕나무 잎과 야생 누에를 보호했다고 적혀있다. 상나라 때의 비단 산업은 규모가 상당했으며 누에치기를 보호하기 위해 동일한 조치가 취해졌을 것으로 추정된다. 인류가 사는 거주환경에서 가축을 제외하고 볼 수 있는 거의 모든 동물은 조류라 할 수 있다.

새의 종류는 매우 많다. 비록 깃털과 날개 및 두 다리와 같은 일반적인 신체적 특성을 갖지만 몸의 크기가 각기 다르고 생활환경도 매우 다르다. 일상생활에서 볼 수 있는 새는 그 종류가 매우 많지만, 간단한 선으로 이렇게 다양한 새의 모양을 그려내어 사람들에게 쉽게 그 종류를 인식하게 하는 것은 쉬운 일이 아니다.

그래서 문자를 만드는 가장 편리한 방법은 형성구조를 활용하는 것
이었다. 새를 상징하는 추(隹)나 조(鳥)를 의미부로 사용하고 여기에다
독음부호를 더하는 방식인데, 이렇게 하면 글자를 무한대로 만들 수 있
고, 무수한 새의 종류와 그들의 이름도 해결할 수가 있다. 그러나 다른
동물을 표시하는 글자와 비교해 볼 때, 회의자 형식으로 새의 이름을
붙인 경우가 매우 많았다. 또 독립된 이름을 부여하는 것 외에도 새의
생활환경과 관련된 글자를 만들어 추상적 의미를 표현한 글자도 많았다.

026 새 조

鳥

niǎo

027 새 추

隹

zhuī

갑골문에는 새를 표현하는 두 개의 상형문자가 있다. 하나는 어기사 유(唯)자로 가차되어 쓰이는 추(隹)자❶인데, 매우 자주 보이며, 새의 측면 모습을 간단하게 그린 글자이다.

금문❷과 소전체 추(隹)에 대해서 『설문해자』에서는 다음과 같이 풀이했다. "추(隹)는 꼬리가 짧은 새의 일반적인 총칭이다. 상형이다. 추(隹)로 구성된 글자들은 모두 추(隹)가 의미부이다.(隹, 鳥之短尾總名也. 象形. 凡隹之屬皆从隹.)" 금문이나 소전체 모두 새의 측면 모습을 여전히 유지하고 있다. 다른 하나는 새의 일반적인 이름인 조(鳥)자❸로, 역시 새의 측면 모습을 그렸다. 다만 추(隹)에 비해 좀 더 자세하게 그려졌고 깃털도 상대적으로 풍성한 모습일 뿐 차이는 없다.

❶

❷

조류는 사람들의 삶에서 중요한 것이 아니었다. 그래서 개인의 영광을 찬양하기 위한 목적으로 만든 금문의 경우 조(鳥)자는 겨우 몇 개의 자형만 존재할 뿐이다❹.

『설문해자』에서 조(鳥)에 대해 이렇게 풀이했다.

> "꼬리가 긴 새의 총칭이다. 상형이다. 새의 발이 비(匕, 숟가락)와 닮아 비(匕)로 구성되었다. 조(鳥)로 구성된 글자들은 모두 조(鳥)가 의미부이다."(🦅, 長尾禽總名也. 象形. 鳥之足似匕. 从匕. 凡鳥之屬皆从鳥.)

새(鳥)의 모습이 여전히 분명하게 표현되었다. 추(隹)와 조(鳥) 이 두 글자는 조류를 나타내는 형성자의 의미부로 사용되었다. 『설문해자』에서 추(隹)는 꼬리가 짧은 새, 조(鳥)는 꼬리가 긴 새의 총칭이라고 했다. 그러나 이렇게 구분하는 것은 그다지 확실하지 않다.

왜냐하면 새를 나타내는 많은 형성자들, 예컨대 계(雞, 🦅, 🦅), 추(雛, 🦅, 🦅), 조(雕, 雕, 🦅), 저(鴠, 🦅, 🦅) 등과 같은 글자들을 보면 모두 추(隹)와 조(鳥)가 서로 호환되고 있기 때문이다. 이 글자들은 추(隹)와 조(鳥)로 구성된 글자가 각각 존재한다. 또 추(隹)로 구성된 치(雉, 🦅)의 경우 '꿩'을 나타내는데, 꿩은 꼬리가 긴 대표적인 새이기도 하다.

❸   ❹

▌청동으로 만든 새 모양 술통[鳥尊].
높이 25.3센티미터, 춘추시대, 기원전 8세기~기원전 5세기.

까마귀 오

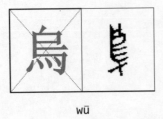

wū

조(鳥)자와 매우 유사한 글자가 오(烏)자이다. 현재까지의 자료에 의하면 이 글자는 금문에서 처음 나타난다. 『설문해자』에서는 이렇게 설명했다.

"오(烏)는 효성스런 새이다. 공자께서 말씀하셨다. '오(烏)는 스스로 탄식하는 소리다.' 어기를 취해와 '오호'라는 어기사로 사용했다. 오(烏)로 구성된 글자들은 모두 오(烏)가 의미부이다. 오(𤼈)는 오(烏)의 고문체이며, 상형이다. 오(𠂔)도 오(烏)의 고문체인데, 오(烏)의 생략된 모습으로 구성되었다."(𤼈, 孝鳥也. 孔子曰: 烏于呼也. 取其助气, 故以爲烏呼. 凡烏之屬皆从烏. 𤼈, 古文烏, 象形. 𠂔, 像古文烏省.)

오(烏)가 왜 어기사의 의미로 쓰이게 되었는지에 대한 설명만 있지, 왜 이 글자로 까마귀를 지칭하게 되었는지에 대한 설명은 없다. 소전체의 자형을 보면 오(烏)자와 조(鳥)자의 차이점은 눈알이 있는지의 여부에 있다. 그래서 어떤 사람은 까마귀는 몸 전체가 검은색이어서 눈을 볼 수 없으므로 눈알이 없는 '새를 가져와 오(烏)자를 만들었다고 설명하기도 한다. 그러나 이러한 설명은 정확한 해석이 아니다.

❶

조(鳥)자의 초기 자형(🐦)을 보면 모두 입이 위로 향하고 있다는 특징이 있다. 이것은 어떤 특징을 의도적으로 표현해 낸 것인데, 갑골문의 계(雞, 🐓, 🐔)자처럼 비록 형성자이긴 하나 의미부인 추(隹)나 조(鳥)는 모두 입이 위로 향한 모습으로 그렸다. 그것은 닭이 위를 향해 울어 일할 시간임을 알렸기 때문일 것이다. 까마귀의 울음소리도 특별한데, 귀에 거슬리는 소리라 불길하고 음험함을 대표한다. 그래서 오(烏)가 어기사로 쓰인 것은 독음이 같다는 원인 외에도 귀에 거슬리는 까마귀의 울음소리와 관련이 있을 수 있다. 그래서 자형에서 입을 벌리고 울어대는 특징을 강조하였다.

이후 자형이 점차 변하면서 이러한 특징은 사라지고 말았다. 까마귀 몸의 깃털이 어둡다고 해서 오(烏)자는 검은 색과 어두운 색이라는 뜻도 갖게 되었다.

029 **매 응**

yīng

갑골문에 와 같은 글자가 있는
데, 금문 자형❶이나 소전체(雁)와
비교하면 이 글자가 응(鷹)자라는
것을 알 수 있다. 『설문해자』에서
는 이렇게 해설했다.

"응(鷹)은 새의 일종이다. 추(隹)가 의미부이고 인(人)도 의미부이며,
음(瘖)의 생략된 모습이 소리부이다. 응(雁)은 응(鷹)의 주문체인데, 조
(鳥)로 구성되었다."(雁, 鳥也. 从隹, 人, 瘖省聲. 鷹, 籒文, 从鳥.)

허신은 이 글자의 구조를 형성자로 해석했으며, 소리부가 녁(疒)이라고
했는데, 녁(疒)은 음(瘖)의 생략된 모습을 대표한다고 했다. 『설문해자』에서
말한 '생성(省聲)'은 대부분 성립하기 힘든 설명이다. 녁(疒)이 '병'을 뜻하는
글자이고, 녁(疒)으로 구성된 글자들이 수백 개는 족히 되는데 누가 응(鷹)
자가 음(瘖)자의 생략된 모습을 소리부로 삼는다는 사실을 알 수 있겠는가?
사실 이 글자는 '매'의 특징적 모습에 착안해 그 이미지를 그려낸 글자이다.

❶

중국인이 말하는 '매'는 대형 맹금류의 일종으로, 가장 큰 특징은 날카로운 발톱과 날카로운 눈에 있다. 수백 미터의 높이에서 맴돌면서 먹이를 찾게 되면 재빠르게 하강하여 날카로운 발톱으로 낚아채 날아가 버린다. 호랑이나 표범과 같은 큰 포유동물도 사납기는 하지만 하늘에서 날아온 갑작스런 공격에 대해서는 대책이 없다. 후대에 들어 일부 사람들은 풀숲에 숨어있는 작은 동물을 잡기 위해 특별히 훈련된 매를 키우기도 했다. 그래서 갑골문에서 새 한 마리와 구부러진 발 하나로 이러한 새의 특성을 나타냈던 것이다.

금문 이후 응(鷹)자에 반영된 갈고리 발톱은 점차 변형되었으며, 소전체에 들면서 심지어 녁(疒)자로 잘못 변하게 되었다. 그래서 『설문해자』에서 응(鷹)자의 창제의미를 알아보지 못하고 '생략된 모습의 소리부'라는 방식으로 풀이하게 되었던 것이다. 이후 의미부인 조(鳥)를 더한 형상(鷹)이 되었는데, 이는 형성구조의 성격을 더욱 분명하기 표현하기 위함이었을 것이다.

030

물 억새 환

huán

소전체의 자형(萑)은 역사적으로 구(舊)자의 금문 자형의 윗부분 절반인 ❶까지 거슬러 올라갈 수 있다. 그리고 다시 갑골문❷의 자형까지도 거슬러 올라갈 수 있다. 갑골문의 🐾는 바로 이후의 추(萑)자라는 사실을 알 수 있다.

『설문해자』에서 이렇게 말했다.

"추(萑)는 올빼미 부류이다. 추(隹)로 구성되었고, 또 개(丫)로 구성되었다. 눈썹 뿔을 갖고 있다. 이 새가 울면 백성들에게 재앙이 생긴다. 추(萑)로 구성된 글자들은 모두 추(萑)가 의미부이다. 화(和)와 같이 읽는다."(萑, 鴟屬. 从隹, 从丫, 有毛角. 所鳴其民有旤. 凡萑之屬皆从萑. 讀若和.)

이러한 새의 특징은 눈 위에 있는 눈썹이 뿔처럼 생겼다고 했다. 민간에서는 이 새가 울면 재앙이 생길 것임을 예견해 준다고 믿고 있다.

❶

묘두응(貓頭鷹: 부엉이)은 달리 효각(鴞角)이라고도 불리는데, 사악한 악당에 비유된다. 갑골문의 자형(🐦)은 부엉이의 독특한 특징과 머리에 뿔처럼 생긴 눈썹이 있는 모습을 그대로 그려냈다. 이 글자는 갑골문에서 부엉이라는 뜻을 제외하면 대부분은 신구(新舊)라고 할 때의 구(舊)라는 추상적인 의미로 쓰였다. 새로움과 낡음은 모두 추상적인 개념이므로 구체적으로 묘사해 낼 수가 없다. 그래서 독음이 같은 추(萑)로써 해당 의미를 그려냈던 것이다. 이후 본래 의미와 가차 의미를 구분하기 위해 추(萑)자에다 발음을 나타내는 구(臼)를 더하여 구(舊, 🐦)가 되었다.

이러한 구분은 상나라 때 이미 이루어졌으며, 금문에 이르러서는 더 이상 추(萑)로써 구(舊)의 의미를 표현하지 않았다. 이와 동시에 소리부가 들어간 형성구조의 구(舊)로써 원래의 추(萑)자를 대신했다. 상형자가 형성자에 의해 대체되는 것은 한자 발전의 추세라 할 수 있다.

갑골문에서 추(萑)가 이미 신구(新舊)의 구(舊)자로 가차되면서 그 독음도 구(舊)에 가까웠으며, 『설문해자』의 설명처럼 "화(和)와 같이 읽는다."는 것은 사실이 아니다.

❷

031

황새 관

guān

갑골문에는 추(崔)자와 거의 비슷한 글자❶가 있는데, 부엉이(崔)의 두 눈썹 뿔 아래에 구(口)가 2개 그려진 모습이다. 금문❷과 소전체(雚)의 관(雚)자는 기본적으로 원래의 자형을 보존하고 있어 아직 많이 변형되지는 않았다. 『설문해자』에서 이렇게 말했다.

"관(雚)은 황새를 말한다. 추(崔)가 의미부이고 훤(吅)이 소리부이다. 『시경』에서 말했다. '개밋둑에선 황새가 울어대고'"(雚, 雚爵也. 从崔, 吅聲. 詩曰: 雚鳴於垤)

『설문해자』에서는 관(雚)을 형성자로 해석했다. 관(鸛: 황새)과 효(鴞: 부엉이)는 형상이 다르고, 서로 다른 부류에 속하는 새들이다. 만약 형성 구조로 '황새'를 표현하려고 했다면 다른 대다수의 조류를 표현했던 형성자처럼 조(鳥)나 추(隹)를 의미부로 선택했어야지, 어떤 새를 표현하는 특수한 부호를 의미부로 선택할 수 없다. 게다가 훤(吅)은 완전한 글자에서 분리해낸 부분으로, 문자학적으로는 논의할 수 있는 글자이나 실제 문장에서 사용되는 글자가 아니다. 그래서 관(雚)자는 상형이나 회의자의 방식에 의해 해당 이미지를 그렸을 것이다.

❶

『시경』에 이미 "개밋둑에서 황새가 울어대고"라는 시구가 있는 것으로 보아, 황새는 잘 우는 새로 보인다. 그래서 이 글자의 창제의미는 입을 벌린 다른 글자들처럼 울음소리가 우람하거나 시끄러운 모습에서 가져왔을 것이다.

　관(雚)자는 갑골복사와 금문에서 모두 '보다', '관찰하다'는 의미로 쓰였다. 이후 '황새'와 '보다'의 두 가지 의미를 구분하기 위해 '보다'는 의미를 나타낼 때에는 의미부 견(見)을 더하여 관(觀)으로 분화했고, '황새'는 조(鳥)자를 더해 관(鸛)으로 분화하여, 새의 일종임을 더욱 분명하게 했다.

　다음 페이지의 도기 항아리는 성인의 2차장(葬)을 위한 도구로, 외벽의 무늬가 자주 보이는 일반적인 무늬와는 매우 달라 사람들의 주목을 끈다. 입에 물고기를 물고 있는 이 새는 『시경·빈풍·동산(東山)』에서 노래한 "개밋둑에서 황새가 울어대고, 아내는 집에서 한숨짓네.(鸛鳴于垤, 婦歎于室.)"에서의 '황새'로 보인다. 황새는 물고기를 잘 잡는 새로서, 도자기 항아리에 그려진 무늬와 매우 닮았다. 새의 옆에는 세로로 선 짧은 손잡이가 달린 돌도끼가 매우 분명하고 자세하게 그려져 있다. 이 붉은색 항아리의 도안은 생동적일 뿐만 아니라 채색도 대단히 우아하다.

❷

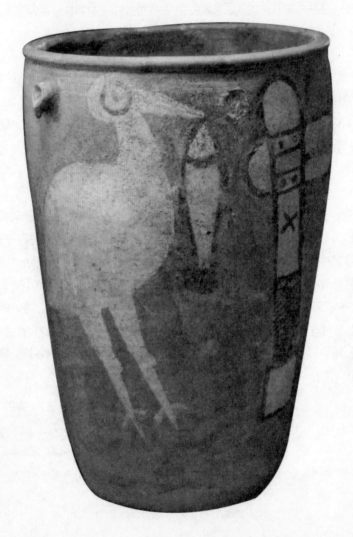

▎이 유물은 약 6천 년에서 5천 년 전의 모래 진흙 점토 도자기인데, 물고기를 입에
물고 있는 황새와 돌도끼 무늬에, 흰색 바탕에 적갈색과 검은색이 섞였다. 하남성
임여(臨汝)에서 출토되었다. 아가리 너비 32.7센티미터, 높이 47센티미터.

이 도기는 먼저 흰색으로 바탕을 칠한 다음 황새, 물고기, 돌도끼의 윤곽선을 미리 그리고 다시 적갈색으로 칠한 후 마지막으로 검은 색으로 세부 무늬를 칠했다. 이는 정밀하게 디자인된 완제품으로서 도기의 장식 무늬에 한정할 것이 아니라 매우 뛰어난 고대 그림으로 보아야만 할 것이다.

이 항아리가 출토될 때 속에 사람의 뼈가 들어있었기 때문에 일부 사람들은 황새가 고인이 살았던 부족의 토템이며, 그것이 사자의 영혼을 지켜주는 기능을 가졌을 것이라고 여긴다. 그러나 고대 전설에서 서방의 부족들은 커다란 포유류 동물을 숭배 대상으로 삼았고, 동방의 부족들은 새를 숭배했다. 이것은 한 번 보기만 해도 황새 도안인데, 이것이 어떻게 서방 부족의 일반적인 숭배대상이라 간주할 수 있겠는가? 확정할 수는 없다 해도, 정교하게 만들어진 돌도끼를 소유한 사람은 상당한 권세를 가지고 있었음이 분명하다.

참새 작

que

갑골문에서 작(雀)자❶는 추(隹)자의 윗부분에 어떤 특별한 형상을 더한 게 아니라, 소(小)와 추(隹)자가 조합된 것임이 분명하다. 『설문해자』에서는 이렇게 설명했다.

"작(雀)은 사람 곁에 사는 작은 새를 말한다. 소(小)와 추(隹)로 구성되었다. 작(爵)과 같이 읽는다."(雀, 依人小鳥也. 从小, 隹. 讀與爵同.)

허신의 설명은 정확하다. 이것은 지붕 위에서 항상 보는 참새이다. 어떤 특별한 형상적 특징이 없으며, 독특한 기능이나 경제적 가치도 없다. 그러나 생활 속에서 일반적으로 볼 수 있는 새이므로 이름이 필요했다. '작은 새'라는 의미로 이런 종류의 새를 묘사하는 것은 매우 적절했다 생각된다.

갑골 복사에서 작(雀)은 유명한 장군의 이름이자 그가 속한 씨족의 이름으로도 쓰였기에, 출현 빈도가 잦았다. 그러나 생활 속에서 자주 보이는 이런 '참새'와는 전혀 관련이 없었다.

❶

꿩 치

雉   𫑡

zhì

갑골문에서 치(雉)자❶는 시(矢)와 추(隹)자의 결합인 것처럼 보인다. 『설문해자』에서는 이렇게 설명했다.

"꿩에는 14가지가 있는데, 노제치(盧諸雉), 교치(喬雉), 복치(鳥雉), 별치(鷩雉), 질질해치(秩秩海雉), 적산치(翟山雉), 한치(翰雉), 탁치(卓雉) 등이 있고, 또 이수(伊)와 낙수(洛) 남쪽 지역에서 말하는 휘(翬), 장강(江)과 회수(淮) 남쪽 지역에서 말하는 요(搖), 남방에서 말하는 주(鷺), 동방에서 말하는 치(甾), 북방에서 말하는 희(稀), 서방에서 말하는 중(蹲) 등이 있다. 추(隹)가 의미부이고 시(矢)가 소리부이다. 𫑡는 치(雉)의 고문체이다."(雉, 有十四種. 盧諸雉, 鷸雉, 卜雉, 鷩雉, 秩秩海雉, 翟山雉, 韓雉, 卓雉, 伊雒而南曰翬, 江淮而南曰搖, 南方曰鷺, 東方曰甾, 北方曰稀, 西方曰蹲. 从隹, 矢聲. 𫑡, 古文雉.)

허신은 치(雉)를 추(隹)가 의미부이고 시(矢)가 소리부인 형성구조로 해석했다. 그러나 이 글자의 갑골문 자형을 보면 항상 화살에 줄이 매여 있는데, 그것은 실을 화살에 묶어서 새를 쏘는 데 사용하던 것이었다. 이런 줄을 '격(繳: 주살의 줄)'이라고 한다.

❶

이런 화살(즉 주살)을 사용하면 두 가지 장점이 있다. 하나는 사냥감을 적중시켰을 때 줄을 당겨와 풀숲에 잃어버리지 않고 사냥감을 회수할 수 있다는 점이고, 다른 하나는 사냥감을 적중시키지 못한다 해도 줄을 당겨와 귀중한 화살을 잃지 않도록 한다는 것이다. 치(雉)자의 시(矢)는 독음 부호로 사용된 것이 아니기 때문에 때때로 대(大)로 단순화되기도 한다(🐾, 🐾). 이러한 화살의 줄에는 길이의 한계가 있어 높이 날지 않는 새를 쏠 때만 사용할 수 있다. 『설문해자』에서 언급한 꿩만 해도 14종이 넘는다. 치(雉)는 상나라 왕이 사냥을 할 때 잡는 사냥감이라는 뜻 이외에도 갑골문에서는 전투에 동원하기 위해 인원을 불러 모으는 용어로도 차용되었다.

034 제비 연

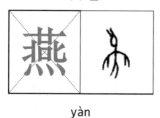

yàn

갑골문에 있는 이 글자는 분명 특정 종류의 새를 그렸을 것이다. 어떤 새일까? 글자를 대조해 봤을 때, '제비'라는 것을 알 수 있다. 『설문해자』에서 이렇게 설명했다.

"연(燕)은 '현조(玄鳥)' 즉 '제비'를 말한다. 족집게처럼 생긴 입(籲口), 펼친 날개(布翄), 나뭇가지처럼 생긴 꼬리를 가졌다. 상형이다. 연(燕)으로 구성된 글자들은 모두 연(燕)이 의미부이다."(燕, 燕燕, 元燕也. 籲口, 布翅, 枝尾. 象形. 凡燕之屬皆从燕)

소전체의 연(燕)자로부터 날개를 양쪽으로 펼친 새의 일종임을 알수 있다. 廿은 새의 입이고, 火은 새의 꼬리이며, 𠤎은 펼친 두 날개이다. 마침 갑골문 자형에서 세 부분으로 구성되었던 것과 서로 대응된다.

❶

갑골문에 보이는 🐦은 가장 복잡하고 완전한 형태이고, 🐦이나 🐦 등은 단순화된 자형이며, 🐦이나 🐦 등은 더 단순화된 자형이다. 모두 소전체의 전신이 되는 자형들이다. 그래서 갑골문의 자형이 연(燕)자이며, 날개를 펼치고 날아오르는 제비의 모습이라 확정할 수 있다.

제비는 철새인데, 때가 되면 다른 곳에서 날아오고, 계절이 끝나면 날아간다. 이처럼 제비는 계절을 나타내는 지표의 기능을 가지고 있어 사람들이 삶을 준비하는 데 매우 도움이 되었으므로 구체적 이름을 지정해야 할 필요가 있었다. 그러나 갑골 복사에서 연(燕)은 '잔치'라는 뜻의 '연(宴)'자로 가차되어 사용되었다. '잔치'는 추상적인 의미였으므로 어떤 구체적인 그림이나 회의자의 형식으로 사용하는 것이 쉽지 않았기에 다른 글자를 빌려 쓰는 방법을 사용했던 것이다.

035 신 석/까치 작

xì

갑골문에 있는 이 글자❶는 새의 머리에 풍성한 볏이 그려진 모습이다. 현재까지 알려진 금문의 자형들과 비교해 봤을 때 작(舄: 까치)❷과 가장 가깝기 때문에 작(舄)자로 해석될 수 있다. 『설문해자』에서는 이렇게 말했다.

"작(舄)은 까치를 말한다. 상형이다. 작(雒)은 작(舄)의 전서체이다. 추(隹)와 석(昔)으로 구성되었다."(舄, 鵲也. 象形. 雒, 篆文舄, 从隹, 昔.)

이는 '까치'를 말하며 이후의 작(鵲)자에 해당한다는 설명이다. 갑골문이든 금문이든 이 글자의 특징은 새의 머리에 우뚝 솟은 몇 개의 볏에 있다는 점이다. 그러나 오늘날의 까치는 이러한 특징을 갖고 있지 않다. 아마도 작(舄)과 작(鵲)은 다른 글자였을 것이다. 금문과 여러 명문들에서 작(舄)은 까치라는 새가 아니라 의식에 사용되는 겹으로 바닥을 만든 신발이었다. 고위 장관이 관리들에게 의식을 거행하는데 쓰도록 내리는 하사품이었다. 아마도 겹바닥으로 된 신발의 앞부분에 튀어나온 코의 장식일 것이며, 그것이 작(舄)에 있는 볏을 닮았기 때문에 작(舄)이라 부르게 되었을 것이다.

❶   ❷

조(鳥)를 기초로 창제된 글자들

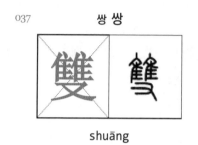

036 **새 한 마리 척**

zhī

037 **쌍 쌍**

shuāng

갑골문에서 척(隻)자❶는 손으로 새를 잡은 모양인데, 상나라 때는 '잡다'는 뜻으로 사용되었다. 보통 사람에게는 작은 새가 잡기 쉽고, 게다가 한 손으로도 잡을 수 있으므로, '수확하다', '포획하다'는 추상적인 개념도 나타내었다.

갑골문의 척(隻)자는 모두 자형이 간단하여 손에 추(隹: 새)를 잡은 모습이지만, 금문에서는 더 복잡한 새의 모양인 조(鳥)자를 사용했다❷. 맨손으로 새를 잡기는 어렵기 때문에 일반적으로 그물로❸, 혹은 화살을 쏘아 잡는 모습을 그렸다❹. 그래서 척(隻)자의 의미창제의 초점은 어떤 것을 '잡다'는 데 있었지 새를 잡는데 있었던 것은 아니다.

❶　❷

소전체에 있는 쌍(雙)자는 손에 새 두 마리를 잡고 있는 모습(雙)으로, 똑같은 두 개의 사물을 잡다는 뜻을 표현했다. 일반적으로 손에 두 마리의 새를 잡는 상황은 잘 발생하지 않는다. 그래서 이는 단수와 복수의 개념이 나온 후에 생겨난 모습이라 할 수 있다. 단수와 복수의 개념이 언제부터 시작되었는가에 대해서는 아직 알려진 바가 없다. 갑골문에서 기(奇)자 ❺ 는 한 사람이 말을 타고 있는 모습을 그렸다. 말 한 필에 한 사람만이 탈 수 있었기에 이후 기(奇)가 단수의 개념을 표현하게 되었다. 한 쌍과 한 짝은 일상생활에서 자주 사용되던 개념이어서, 상나라에서도 단수와 복수, 홀수와 짝수라는 개념이 있었을 것으로 보인다. 그러나 점복의 내용에는 아직 나타나지 않고 있다.

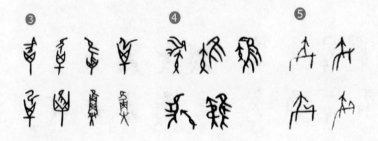

038

울 명

 míng

갑골문에서 명(鳴)자❶는 입을 벌리고 있는 새(🐦)와 한 사람의 입(ㅂ)이 더해진 모습인데, 입을 벌린 새가 이 글자가 표현하고자 한 초점이다. 이후 소전체에서는 일반적인 새의 모습(🐦)으로 변하여, 원래 입을 벌려 운다는 창제의 미를 잃고 말았다.

계(雞)자도 입을 벌리고 우는 닭의 기능을 강조했다. '울다'는 뜻의 명(鳴)과 구분하기 위해 계(雞)는 형성구조를 사용하여 해(奚)를 독음 부호로 사용하여 구분했을 것이다. 해(奚)는 노예라는 뜻인데, 노예의 머리에 묶인 줄을 손으로 잡은 모습이다.

모든 사물은 여러 가지 다양한 특징을 가지고 있어, 같은 것도 다른 구조를 사용하여 다른 의미를 나타낼 수 있다. 이는 한자를 분석하는 데 중요한 개념이다. 유사한 구조라도 서로 다른 의미를 나타낼 수 있는 것이다. 이것이 중국의 한자가 갖는 유연성의 특징이다.

❶

039

나아갈 진

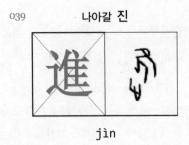

jìn

갑골문에서 진(進)자는 새 한 마리와 발자국 하나의 조합(🖐)으로 이루어졌다. 금문❶에서는 길을 나타내는 부호가 더해졌다. 발도 걷기 위해 있는 것이고, 길도 걷기 위해 만들어진 것이기 때문에, 고대 한자에서 이 둘은 서로 대체될 수 있었다.

『설문해자』에서는 "진(進)은 올라가다는 뜻이다. 착(辵)이 의미부이고 린(藺)의 생략된 모습이 소리부이다.(進, 登也. 从辵藺省聲.)"라고 풀이했다.

『설문해자』에서는 이 글자를 형성구조로 풀이하여 추(隹)가 린(藺)의 생략된 모습이라 보았다. '나아가다'는 것도 일종의 추상적 인식이므로, 형성구조로 표현하는 것이 가장 편리했을 것이다. 그럼에도 허신의 해석은 받아들이기 어려워 보인다. 추(隹)로 구성된 글자가 적어도 50~60개는 될 텐데, 누가 추(隹)를 린(藺)의 생략된 모습이라 생각할 수 있겠는가?

조류는 일반적으로 인간처럼 걷지 않는다. 점프하여 앞으로만 이동할 뿐 뒤로는 이동하지 않는다. 사람들은 새의 이러한 특징을 보고서 '나아가다'는 의미를 그려냈을 것이다. 그렇지 않다면 어떻게 하나의 그림을 사용해서 나아가는 동태적 모습을 그린단 말인가? 고대 사람들의 세밀한 관찰력에 경의를 표할 뿐이다.

❶

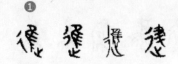

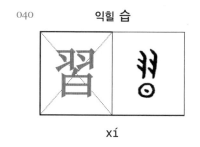

040

익힐 습

xí

습(習)자가 표현하고자 한 핵심은 상시적이고도 반복적이며 짧고 세밀한 소리였다. 이것들은 모두 추상적인 의미이다. 고대 사람들은 어떻게 이러한 의미를 만들어 내었을까? 갑골문의 습(習)자❶는 깃털과 관련이 있다.

『설문해자』에서 이렇게 말했다. "습(習)은 자주 날다는 뜻이다. 우(羽)가 의미부이고 백(白)이 소리부이다. 습(習)으로 구성된 글자들은 모두 습(習)이 의미부이다.(習, 數飛也. 从羽, 白聲. 凡習之屬皆从習.)"

'자주 날다'는 의미는 좋은 힌트를 제공해주고 있다. 삭(數)은 '여러 번'을 의미하고, '비(飛)'는 비상과 관련이 있다. 새의 깃털은 두 가지 경우에 여러 번 진동시키게 된다. 하나는 깃털에 묻은 물을 떨쳐버릴 때이다. 다른 하나는 비행하다 착륙하고 싶을 때이다. 마치 로켓이 하강할 때 불을 뿜으며 느려지는 것처럼 날개를 계속 흔들어 속도를 늦추고 안전하게 내려앉는다. 이러한 경우에 새의 날개는 '퍼덕 퍼덕거리는' 소리를 내며 연속적이고 짧은 소리를 낸다. 고대 사람들은 이러한 장면을 빌려서 '반복하다'는 의미를 그려냈다. 공부도 반복적인 연습과 복습이 필요하므로 이에 '학습'의 의미가 생겼다. 이 글자는 원래 두 개의 날개가 몸통에 연결되어야 했지만 필사과정에서 분리되었고, 결과적으로 몸통은 백(白)으로 잘못 변했는데, 허신은 이를 오해하여 백(白)을 소리부라 해석했던 것이다.

❶

習 習 習 習 習 習 習 習

모일 집

jí

갑골문에서 집(集)자❶는 새 한 마리가 나무에 앉아 쉬는 모습이다. 금문에서는 세 마리의 새가 더해지기도 했다❷.

『설문해자』에서는 이렇게 설명했다. "집(雧)은 새가 떼를 지어 나무 위에 있는 모습이다. 잡(雥)과 목(木)으로 구성되었다. 집(集)은 집(雧)의 혹체자인데, 생략된 모습이다.(雧, 群鳥在木上也. 从雥木. 集, 雧或省.)"

허신은 집(集)자의 원래 자형이 세 마리의 새가 나무 위에 있는 모습인 잡(雥)으로 보았고, 새 한 마리가 그려진 집(集)은 생략된 모습이라 했다. 이는 매우 옳은 해석이다.

집(集)자가 나타내고자 한 의미의 핵심은 매우 많은 사물이 한데 모여 있는 것이다. 그래서 세 마리의 새가 나무 위에 앉은 모습으로 원래 표현하고자 했던 진정한 의미를 정확하게 나타낼 수 있다. 세 마리의 새가 나무에 앉은 모습이 한 마리의 새가 나무에 앉은 자형보다 시기적으로 이르다는 것은 확실하다.

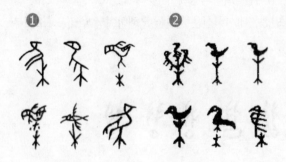

그러나 갑골문에서는 모두 한 마리의 새가 들어간 자형으로 되어 있다. 그래서 글자의 진화 과정을 판단할 때 문헌자료의 연대적 표준에만 근거해서는 안 되며, 글자 창제의 합리성을 갖고 판단하는 것이 매우 중요하다. 집(集)자의 현상으로부터 갑골문이 결코 한자의 최초단계의 문자가 아님을 알 수 있고, 그전에 분명히 세 마리의 새가 나무위에 앉은 모습의 자형이 존재했을 것이다. 상나라 후기 갑골문에서 집(集)자가 한 마리의 새가 앉은 모습으로 간단하게 변한 것은 매우 자연스런 일이다. 그래서 이는 이미 오랫동안 사용되어 온 글자라 할 수 있다.

　　나무에 많은 새들이 한데 모여 있는 것이 일반적인 모습이긴 하지만, 가장 눈에 띄는 것은 해가 지기 직전의 순간일 것이다. 한번은 친구 증영의(曾永義) 교수가 필자를 만나기 위해 토론토에 왔을 때였다. 나는 그를 온타리오 호숫가로 데려가 함께 산책을 했는데, 걷다가 갑자기 한 바탕 소동이 일어났다. 다름 아닌 제방에 태양의 방향을 향해 줄을 지어 늘어선 수백 마리의 갈매기들이 지는 해를 눈으로 보내고 있었다. 나는 갑자기 큰 깨달음을 깨친 것 같은 영감을 받았다. 원래 막(莫)=모(暮: 저물다)자를 만들 때에도 이러한 장면을 보았을 것이라 생각했다.

갑골문에서 막(莫)자❸의 자형은 매우 다양하다. 주로 해가 질 무렵 해가 빽빽한 나무 사이로 숨게 되는 그 시간을 표현했다. 가장 간단한 모습은 해가 두 개의 풀 사이에 놓인 모습인데 좌우 두 개의 풀 사이에 놓이기도 했다. 조금 더 복잡한 형태는 4개의 풀이나 4개의 나무 사이에 해가 놓인 모습이고, 가장 복잡한 경우는 새 한 마리가 많은 나무 사이에 있는 모습이다. 황혼이 될 때 수많은 새들이 나무에 모일 것인데, 먹이를 찾아 나서 활동하는 다른 시간대와는 전혀 다른 모습이었을 것이다. 금문 자형에서는 일반적으로 해가 네 개의 풀 사이에 놓인 모습으로 고정되었다.

『설문해자』에서도 "막(莫)은 해가 막 지려는 때를 말한다. 일(日: 해)이 망(茻: 풀숲) 속에 든 모습인데, 망(茻)은 소리부도 겸한다.(莫, 日且冥也. 从日在茻中, 茻亦聲.)"고 했다. 허신이 "망(茻)은 소리부도 겸한다."라고 했는데, 이는 문자 창제의미의 핵심을 잘못 이해한 것이다.

❸

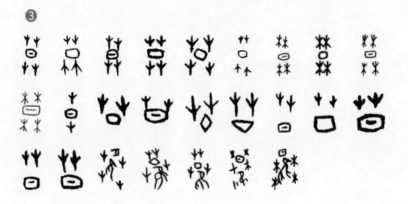

042 울 소

sào

소(喿)자의 창제의미는 집(集)자와 비슷하다. 금문에서 소(喿)자는 한 그루의 나무 위에 세 개의 입이 놓인 모습이다.

『설문해자』에서는 "소(喿)는 새가 떼를 지어 울다는 뜻이다. 품(品)이 목(木) 위에 놓인 모습이다.(喿, 鳥群鳴也. 从品在木上)"라고 했는데, 정확한 해석이다. 구(口)는 새의 입, 즉 주둥이를 상징한다. 여러 새들이 서로 다른 음색으로 함께 나뭇가지들 사이에서 울부짖는 소리는 매우 시끄럽고 성가시게 한다. 새의 소란스런 소리로써 모든 소음을 표현했다.

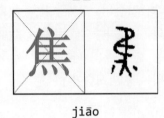

043 **그을릴 초**

jiāo

금문에서 초(焦)자는 새가 불 위에 놓인 모습(🔥)이다. 『설문해자』에서는 "초(🔥)는 불에 의해 상처를 입은 것을 말한다. 화(火)가 의미부이고 잡(雥)이 소리부이다. 초(🔥)는 초(焦)의 혹체자인데 생략된 모습이다.(🔥, 火所傷也. 从火, 雥聲 🔥, 或省.)"라고 풀이했다.

자형의 변화 추세로 볼 때, 원래는 세 마리의 새를 불 위에 놓고 굽는 모습이었을 것이다. 이후 자형이 너무 복잡하여 한 마리의 새가 불 위에 있는 모습으로 바뀌었다.

대부분의 새는 몸집이 크지 않으므로, 불에 바비큐를 해 먹을 때 새 한 마리만 굽지는 않았을 것이다. 그래서 원래 세 마리의 새가 불 위에 있는 모습이다. 불에 새를 굽는 것은 새를 불에 구워 먹는 방법이 가장 보편적이었기 때문이며, 또 맛이 좋으려면 약간 불에 타도록 해야 하는데, 다 타 버릴까 초조해하며 조심하는 상태를 그렸다.

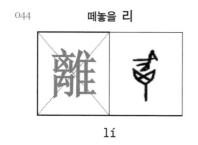

044 떼놓을 리

lí

갑골문에서 리(離)자❶는 새가 그 물에 갇혀 잡힌 모습이다. 새는 몸 체가 너무 작아 활로 쏘거나 낫 창 을 사용하여 찍는 경우, 그물로 덮 어서 잡는 것보다 효과적이지 못하 다. 어떤 그물은 고정된 장소에 설 치되어 새가 날아와 스스로 그물에 걸리도록 고안되기도 했다.

이 글자의 그물은 긴 손잡이에 설치되어 있으며, 손으로 휘둘러 날 아오르는 새를 덮어 잡는 모습을 했다. 이렇게 하면 새를 산채로 잡을 수 있으며 잡아와서 새장에 넣어두고 감상할 수도 있다. 게다가 새의 깃털도 그대로 유지하여 옷을 장식하는 데 사용할 수도 있다.

리(離)자를 구성하는 그물 부분이 갑골문에서 금(禽)자❷인데, 긴 손잡 이가 달린 그물, 또는 그물의 손잡이를 손에 쥐고 있는 모습이다. 이 그물 은 조류를 산채로 잡는 데 사용되었다. 그래서 '사로잡다'는 뜻이 생겼다. 금문❸의 자형으로 추론되는 것처럼, 최초의 자형은 손으로 그물을 잡고 있 는 ♉이었고, 그 다음에는 손이 생략된 ♉, 그 다음은 손잡이의 가운데에 작은 가로 획이 추가된 ♉, 이를 이어서 소리부인 금(今)이 추가된 ♉, 그 뒤를 이어서 손잡이 부분이 유(内)로 변하여 만들어진 금(禽, 離)자이다.

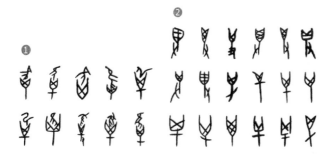

『설문해자』에서는 "금(禽)은 걸어 다니는 짐승의 총칭이다. 유(內)가 의미부이고 상형이다. 금(今)이 소리부이다. 금(禽), 리(离), 시(兕)의 머리 부분이 모두 비슷하기 때문이다.(禽, 走獸總名. 从內. 象形. 今聲. 禽离兕頭相似)"라고 풀이했다.

금(禽)자의 자형이 여러 차례 변했기 때문에 원래 있던 그물의 모습을 더 이상 찾아보기 어렵게 되었다. 그래서 짐승의 모습이라고 해석했던 것이다. '사로잡다, 포획하다가 이 글자의 원래 뜻이다. 손잡이가 달려 있는 그물로 새를 주로 잡았기 때문에 '조류'라는 의미로 확장되었으며, 이후 다시 '짐승'까지 지칭하게 되었다. 이후 금(禽)자는 동작을 뜻하는 수(手)를 더한 금(擒: 사로잡다)자로 의미를 구분하였다.

리(離)는 '뒤덮이다' 혹은 '몸이 가혹한 환경에 갇히다'는 의미를 가지고 있다. 굴원(屈原)의 유명한 작품 「이소(離騷)」는 바로 '불행에 갇힌 고통스런 심정'이라는 뜻을 담고 있다. 몸이 불행에 갇혀있을 때는 파멸을 피하고 그 액운을 떠날 방법을 찾아야 했을 것이므로 이에 '떠나다'는 의미가 생겼다. 『설문해자』에서는 "리(離)는 리황(離黃) 즉 창경(倉庚: 꾀꼬리)을 말한다. 이 새가 울면 누에가 자라나기 시작한다. 추(隹)가 의미부이고 리(离)가 소리부이다.(離, 離黃, 倉庚也. 鳴則蠶生. 从隹, 离聲.)"라고 해석했다. 허신은 이 글자의 원래 의미를 알지 못해 형성구조로 설명한 것이다.

❸

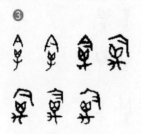

한자는 때로 이렇게 긍정적인 뜻과 부정적인 뜻 모두를 한 글자 속에 동시에 담고 있기도 하다. 예컨대, 계(繼: 잇다)와 절(絶: 끊다), 치(治: 다스리다)와 난(亂: 혼란스럽다) 등이 그러한데, 모두 한 글자에서 파생된 글자이다. 실이 끊어지면 연결해서 계속 작업을 계속해야 했고, 실이 엉키면 풀어서 잘 쓸 수 있도록 해야만 했기 때문이다.

다른 언어에서는 서로 상반되는 두 가지 의미가 한 글자에 존재하는 논리가 있을 수 없다. 리(離)자와 창제의미가 비슷한 것이 라(羅)자이다. 갑골문❹의 모습은 설치해 놓은 그물에 새 한 마리가 걸린 모습이다.

『설문해자』에서는 이렇게 풀이했다. "라(羅)는 실그물로 새를 잡다는 뜻이다. 망(网)으로 구성되었고, 또 유(維)로 구성되었다. 먼 옛날 망씨(芒氏)가 처음으로 실그물을 창안했다.(羅, 以絲罟鳥也. 从网, 从維 古者芒氏初作羅.)" 실로 그물을 짰기 때문에 실을 뜻하는 멱(糸: 가는 실)을 더해 라(羅)가 되었고, 이로써 실그물의 재료가 '실'임을 강조했다.

❹

빼앗을 탈

duó

금문에서 탈(奪)자❶는 그 구조가 매우 복잡하다. 의(衣: 옷, ⌃), 수(手: 손, ⺘), 추(隹: 새, 🐦)를 비롯해 옷 속의 점 3개 등으로 구성되었다. 『설문해자』에서는 이렇게 설명했다. "탈(奪)은 손으로 새를 잡았는데 놓쳤다는 뜻이다. 우(又)와 순(奞)으로 구성되었다.(奪, 手持隹, 失之也. 从又, 奞.)"

허신은 탈(奪)을 손으로 새를 잡았지만 이를 놓쳤으며, 다시 강하게 잡으려 한다는 의미로 해석했다. 그러나 어떻게 해서 탈(奪)자의 자형에서 이 의미가 나왔는지에 대해서는 설명하지 않았다. 금문의 자형으로 볼 때, 점 3개는 쌀로 보인다. "훔치려던 닭은 못 훔치고 공연히 쌀만 한 줌 손해 보다(偷雞不成蝕把米)"라는 속담처럼, 쌀은 조류를 유인하는 먹잇감으로 쓰인다.

먼저 함정을 설치하고 그 안에 쌀을 뿌린다. 새가 함정에 들어가면 새를 잡을 수 있는 장치가 활성화되어 새를 덮어 잡는다. 금문 자형은 옷을 함정으로 표현한 것이라 보인다. 이 때 새는 이미 옷으로 만든 그물에 덮여 잡히고 만다. 손에 잡힌 새가 도망치기 위해 고군분투하고 있다. 생각지도 못한 사이에 새는 다시 탈출해 버렸고, 그래서 '다시 잃다'는 의미가 생겼다.

❶

047 **떨칠 분**

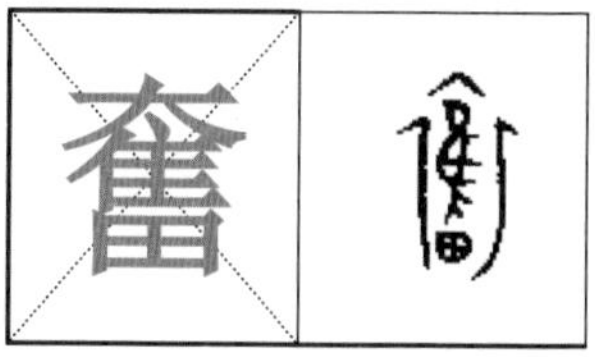

fèn

금문의 분(奮)자인 이나 도 조(鳥)자의 구조와 관련이 있다. 앞의 자형은 의(衣: 옷, ), 추(隹: 새, ), 전(田: 벌판, )의 세 가지 요소로 구성되었다. 이에 비해 뒤의 자형은 추(隹: 새), 전(田: 벌판), 복(攴: 치다)의 세 가지 요소로 구성되었다.

이 두 가지 자형을 종합하면, 새가 들판에 설치된 옷으로 만든 함정에 갇혀 있거나 날개를 퍼덕이며 이 함정을 벗어나려 하는 모습을 나타냈다. 혹은 들판에 날아온 새 떼들을 몽둥이로 쫓아내고 그 때문에 날아오르는 모습일 수도 있다. 세 떼들은 종종 들판에 날아와 곡식을 먹어치우기 때문에 사람들이 쫓아내곤 했다. 이 두 가지 자형 모두 새들이 들판에서 활기차게 날아오르는 모습이며 이것을 탈(奪)자의 창제의미로 삼았다. 소전체에 이르러 이 글자를 구성하던 의(衣)가 대(大)자로 변해버렸다.

그래서 『설문해자』에서 이렇게 해설했다.

> "분(奮)은 훨훨 날아 오르다는 뜻이다. 순(奞)이 들판 위에 있는 모습이다. 『시경』에서 '훨훨 날아오를 수가 없네.'라고 노래했다."(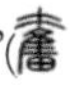, 翬也. 从奞在田上. 詩曰: 不能奮飛.)

허신은 문자의 창제의미가 무엇인지를 설명해내지 못했다.

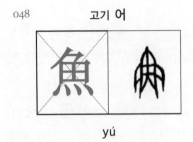

048 　　**고기 어**

yú

갑골문의 어(魚)자❶, 금문의 어(魚)자❷를 비롯해 소전체의 어(魚)자는 모두 "물고기를 말한다. 상형이다. 물고기 꼬리가 제비의 꼬리를 닮았다.

어(魚)로 구성된 글자들은 모두 어(魚)가 의미부이다.(燚, 水蟲也. 象形. 魚尾與燕尾相似. 凡魚之屬皆从魚.)"라고 한 『설문해자』의 해석처럼 비늘과 지느러미와 같은 물고기의 특수 이미지까지 다 그려냈다.

물고기는 매우 빠르게 번식하는데, 고대 어업 도구로 추정해 볼 때 그런 도구로 물에서 사는 물고기 자원을 다 소모하기는 어려웠을 것이다. 그래서 초기 사회에서 어렵 지역이 수렵 지역보다 더 많았고 사람들을 더 많이 먹여 살렸을 것이다. 어렵 공동체는 수렵 공동체보다 범위가 더 넓었다. 게다가 농지를 개발할 필요 없이 정착된 삶을 영위할 수도 있었다. 일본이 이러한 대표적인 예에 속한다.

❶

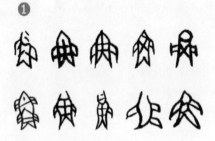

그러나 사냥과 비교할 때 어렵은 흥분되고 자극적인 활동이 아니었고, 또 군사 훈련과 연계되지도 않았다. 바로 이러한 이유 때문에 갑골문에서는 어렵에 대한 점복이 많이 보이지 않는다. 그러나 낚시는 여전히 여가 활동의 하나로, 인내하고 기다릴 줄 아는 인성을 키울 수 있다. 고대 사회에서도 적잖은 애호가들이 존재했는데, 서주 중기 때의 「휼궤(遹簋)」에는 "목왕(穆王)이 사람들을 불러 큰 연못에서 고기잡이를 했다"라는 기록이 있다. 주나라 목왕이 제후들을 불러 모아 큰 연못에서 고기를 낚는 즐거움을 함께 나누었던 것이다.

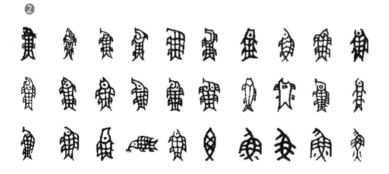

049 **고기 잡을 어**

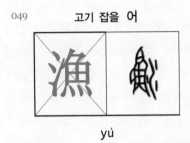

yú

갑골문의 어(漁)자에는 여러 가지 자형이 존재하는데, 모두 당시 고기를 잡던 다양한 방식을 반영하였다. 한 가지 방법은 물에서 한 마리나 여러 마리의 물고기를 낚아 올리는 모습이다❶.

또 다른 하나는 낚은 물고기를 손으로 잡아 올리는 방법이다❷. 또 다른 하나는 손으로 그물을 잡고 물고기를 낚는 모습이다(䰻, 䱷). 이외에도 나무 막대기로 때리거나 작살을 던지는 방식, 심지어는 맨손으로 잡는 것과 같은 더 원시적인 방법도 있었다. 『춘추』에는 노나라 은공(隱公)이 기원전 718년 당(棠)이라는 곳에서 화살로 물고기를 잡았다는 기록이 있다. 고대 사회에서 표창을 던지거나 화살을 쏘아 물고기를 잡았던 것은 제사에 쓸 희생을 마련하기 위한 것으로 보인다.

7천 년 전의 무안(武安) 자산(磁山) 유적지에서 물고기를 잡는 표창과 그물추가 발굴되었다. 이는 그 때 이미 그물로 물고기를 잡을 수 있을 정도로 발전했다는 것을 증명해 준다.

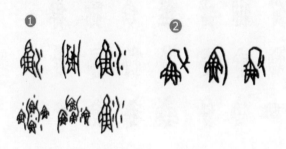

050 노둔할 로

lǔ

갑골문에서 노(魯)자❶는 쟁반에 물고기가 담긴 모습이다. 금문❷은 필사의 습관 때문에 종종 입[口] 모양에 작은 가로획이 추가되어 왈(曰)로 변했고, 왈(曰)이 다시 백(白)으로 잘못 변했다. 그래서 『설문해자』에서 이렇게 풀이했다.

"노(魯)는 무디다는 속성을 나타내는 단어이다. 백(白)이 의미부이고 어(魚)가 소리부이다. 『논어』에서 '우둔하구나, 증삼아!'라고 했다." (魯, 鈍詞也. 从白, 魚聲. 論語曰: 參也魯.)

허신은 노(魯)자의 구조에 대해서도 회의자라 해석했을 뿐더러 의미도 잘못 설명하였다. 갑골문과 금문에 자주 등장하는 로(魯)자의 의미는 '훌륭하다'는 뜻이다. 예컨대, "송은 감히 천자의 위대하신 아름다움을 찬송하나이다.(頌敢對揚天子不顯魯休)"라고 한 것이나 "이로써 복을 내리기를 비나이다.(用匃魯福)" 등이 그렇다. 그래서 이 글자의 창제의미는 생선(물고기)이 맛있는 음식이라는 데서 나왔을 것이 분명하다. 노둔(魯鈍: 둔하다)은 이후에 나온 뜻이며, 가차된 의미일 것이다.

초기 시기의 비교적 문명화된 사람들은 물을 쉽게 구할 수 있는 언덕이나 강가에서 살았다. 그래서 어업은 삶의 중요한 활동 중의 하나였다. 앙소(仰韶) 문화 유적지는 대륙의 깊은 내지에 있지만 강에서 멀지 않아 어렵이 어렵지 않았다. 그래서 앙소 문화 유적에서 발견된 도기에는 물고기 무늬가 다른 동물 무늬보다 훨씬 많이 등장한다. 이후에 인구 압력이 가중되자 사람들은 강둑에서 멀리 떨어진 곳에서도 살 수밖에 없었다. 원래는 구하기 쉬웠던 물고기가 점차 먹기 어려운 음식이 된 것이다.

『맹자·고자(告子)』에는 맹자가 일찍이 물고기와 곰 발바닥 둘을 다 가질 수 없음을 한탄한 적이 있다고 했다. 전국시대 때 해안 근처의 산동 지역에서도 물고기가 구하기 어려운 진귀한 물품이었음을 엿볼 수 있다. 바닷가의 산동 지역이 그러했는데 다른 지역은 말할 필요가 없을 것이다. 그러나 시장의 수요에 따라 사람들은 연못을 팠고 물고기의 인공 양식도 이를 따라 발전했다. 늦어도 상나라와 주나라 시대에는 인공 양식이 이미 이루어졌다. 서주 중기 때의 한 청동기 명문을 보면, 주인이 자신의 양어장에 어떤 귀족을 초대했고, 이 귀족에게 3백 마리의 물고기를 선물했다는 기록이 나온다. 인공 어업의 규모가 상당히 컸다는 것을 알 수 있다. 전국시대에 이르면 인공적으로 물고기를 기르는 일이 상당히 일반화되었다.

물고기는 원래 비교적 얻기 쉬운 식품이었다. 그러나 인구가 증가함에 따라 사람들은 강에서 멀리 떨어진 곳으로 이동해 살아야만 했고, 그러자 물고기는 쉽게 얻을 수 없는 귀한 식품이 되었다. 그래서 맛있는 음식의 하나로 여겨졌다. 맛있는 것을 구하기 위해 때로는 멀리 떨어진 곳에서 가격에 관계없이 수입하기도 했다. 예를 들어, 상나라의 수도인 안양(安陽)에서는 먼 곳에서 배송되어 온 철갑상어, 심지어 바다에서 가져온 고래까지 발견되었다.

중국식 연회에서 성대한 잔치가 되려면 반드시 생선요리가 포함되어야 했던 이유이기도 하다. 심지어 생선이 적게 나는 지역에서는 물고기를 새겨 넣은 목판화로 이를 상징적으로 표시하기도 했다. 물론 어(魚)의 독음이 '여유롭다'는 뜻의 여(餘)와 같았기 때문에 물고기는 '여유로움'의 상징이기도 했다. 중국은 인구 밀도가 높아 종종 음식이 충분하지 않았기에, 배불리 먹을 수 있는 것이 가장 큰 관심사였다. 사람들은 모두 부족함 없는 풍족한 생활을 바랬기 때문에, 이러한 습관이 형성되었다.

섬서성의 앙소 문화 유적지에서 열 몇 개 이상의 붉은 점토로 만든 고급 도기 사발이 발견되었다. 그 속에는 검은 색의 사람 얼굴에 물고기가 그려진 무늬 또는 물고기와 개구리 무늬가 그려졌다. 색깔을 낼 수 있는 물감은 앙소 문화 시대에 매우 귀중한 재료였기에, 이런 붉은 색의 도기는 숫자도 매우 제한적이다. 도기로 된 이 유형의 사발이 발굴될 때 모두 두 번째 매장(2차장)을 한 뼈를 덮고 있었다. 소위 두 번째 매장이라는 것은 첫 번째 매장을 한 다음 몇 년이 지나 백골이 되면 이를 수습하여 용기에 넣고 다시 흙에 묻는 것을 말한다. 이러한 관습은 신석기 시대 유적지에서 일반적으로 발견되며, 오늘날 대만의 일부 마을에서 여전히 보존되고 있다.

두 번째 매장은 달리 세골장(洗骨葬)이라고도 부르는데, 그것은 뼈에 아직 완전히 썩지 않은 살이 붙어 있을 수 있기 때문에 다시 매장하기 전에 살을 깨끗하게 제거하는 청소를 해야 했기 때문이다. 사발에는 종종 바닥에 작은 구멍이 뚫려 있었는데, 일부 학자들은 이 구멍이 영혼의 환생에 대한 믿음과 관련이 있다고 생각한다. 그 당시에 그러한 사발은 매우 귀중한 매장 품목이었다. 매장자도 풍부한 매장 품목을 가진 것으로 보아, 사회적 지위가 매우 높았던 사람으로 추정된다. 물고기 도안이 당시 특별한 의미를 갖고 있었기에 이러한 귀중한 기물에 반복적으로 나타났던 것이다.

▌붉은 바탕에 검은 색으로 얼굴을 채색하고 물고기 무늬를 한 미세한
진흙으로 만든 붉은 도자기. 지름 44센티미터, 높이 19.3센티미터. 섬서성
임동(臨潼)현 강채(姜寨) 마을에서 발굴. 6천여 년 전의 유적.

▌붉은 바탕에 검은 색으로 그려진 물고기와 개구리 무늬를 한 미세
진흙으로 만든 붉은 도자기. 높이 12.8센티미터, 구경은 30.4센티미터. 섬서성
임동(臨潼)현 강채(姜寨) 마을에서 발굴. 6천여 년 전의 유적.

051

능할 능

néng

금문에서 능(能)자❶는 다리가 네 개인 동물의 측면 모습을 그린 것이 분명하다. 『설문해자』에서는 이렇게 해설했다.

"능(能)은 곰 종류인데, 다리가 사슴을 닮았다. 육(肉)이 의미부이고 이(以)가 소리부이다. 곰은 속뼈가 매우 단단하다. 그래서 현능(賢能: 어질고 재간이 있음)하다는 뜻이 생겼다. 강인한 사람을 능걸(能傑)이라 한다. 능(能)으로 구성된 글자들은 모두 능(能)이 의미부이다."(羆, 熊屬, 足似鹿. 从肉, 以聲. 能獸堅中, 故稱賢能. 而彊壯稱能傑也. 凡能之屬皆從能)

이처럼 곰은 강한 주둥이를 가진 동물이다.

중국에서 존재하는 네 발을 가진 웅장한 포유류 동물 중 호랑이를 제외하면 그 다음은 당연 곰일 것이다. 『설문해자』에서 웅(熊)에 대해 이렇게 설명했다.

❶

"웅(熊)은 곰을 말하는데, 멧돼지를 닮았다. 산에 살며 겨울잠을 잔다. 능(能)이 의미부이고 염(炎)의 생략된 모습이 소리부이다. 웅(熊)으로 구성된 글자들은 모두 웅(熊)이 의미부이다."(羆, 熊獸似豕, 山居, 冬蟄. 从能, 炎省聲. 凡熊之屬皆从熊.)

웅(熊)과 염(炎)은 발음상 서로 다른 운부에 속한다. 그래서 웅(熊)의 독음이 염(炎)일 가능성은 크지 않다. 능(能)과 웅(熊)의 창제의미는 서로 연결되어 있다. 능(能)은 곰을 그린 상형자이고, 곰은 힘이 세고 강하기 때문에 '능력자'라는 의미를 갖게 되었고, '능력'이라는 의미가 '곰'보다 더 자주 쓰이게 되었다. 그러자 필획을 더하여 '곰'을 나타내는 다른 글자를 만들었고 이 글자로 '곰'을 지칭했다. 웅(熊)과 화(火)와 염(炎)은 모두 다른 운부에 속해 있다. 그래서 웅(熊)은 아마도 형성자가 아닌 회의자로 보아야 할 것이다.

그렇다면, 웅(熊)의 글자창제 의미는 곰이 밝게 타오르는 불빛을 두려워하기에 사람들이 횃불을 사용하여 큰 곰을 몰아내는 것에서 왔을 것이다. 그래서 웅(熊)자는 불(火)로 곰(能)을 몰아내는 모습을 그린 것으로 추정된다.

052 　　　**토끼 토**

tù

갑골문에는 사냥 과정에서 붙잡은 동물 이름이 있는데, ❶과 같은 자형이다. 이는 그 당시에 살았던 동물과 이후의 자형으로 추정해 볼 때, 토(兔)자가 분명하다고 생각된다. 『설문해자』에서는 이렇게 설명했다.

"토(兔)는 짐승이다. 토끼가 앉은 모습을 그렸다. 뒷부분은 꼬리이다. 토끼의 머리는 사람을 닮았다. 토(兔)로 구성된 글자들은 모두 토(兔)가 의미부이다."(兔, 獸也. 象兔踞, 後其尾形. 兔頭與兔頭同. 凡兔之屬皆从兔)

이 자형에서 묘사하고자 한 초점은 토끼의 뒤집힌 작은 꼬리이다. 상나라 왕이 대규모 사냥 활동을 하면서 포획 대상으로 삼았던 것이 이런 작은 토끼는 아니다. 하지만 맞닥뜨릴 경우 잡는 것은 당연했다. 토끼는 인간이나 큰 짐승을 공격할 능력은 전혀 없지만, 큰 포식자의 손에서 벗어나 도망칠 수 있는 기술을 가지고 있었다. 토끼의 응변능력은 그 무엇보다 민첩하기 때문에 일(逸)자가 만들어졌다.

❶

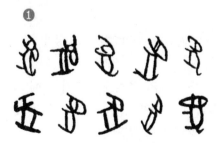

달아날 일

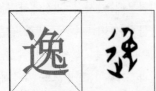

yì

금문에 일(逸)자가 보이는데, 토(兎)자와 착(辵)의 조합(逖)으로 이루어졌다. 착(辵)은 다시 척(彳: 길)과 지(止: 발)가 결합된 글자로, 길을 걷다는 의미를 표현하는 데 사용된다.

일(逸)은 형성구조로 창제된 것이 아니라 회의구조였을 가능성이 높다. 왜냐하면 토(兎)의 독음과 일(逸)의 독음이 서로 다른 부류에 속해 형성자로서의 조건을 갖추지 못했기 때문이다.

『설문해자』에서는 이렇게 설명했다. "일(逸)은 실(失)과 같아 잃어버리다는 뜻이다. 착(辵)과 토(兎)로 구성되었다. 토끼는 잘 속이고 잘 도망친다.(逸, 失也. 从辵兔. 兔謾詑善逃也.)" 토끼가 상대를 잘 속이고 위험에서 잘 빠져 나오는 능력을 가진 것을 이 글자의 창제의미로 본 것이다.

글자의 구조의 관점에서 볼 때 토(兎)와 착(辵)을 조합함으로써 토끼가 길 위에 있다는 것을 보여 주었다. 그러나 이는 토끼가 잘 도망친다는 의미를 표현할 수는 있지만 잘 속인다는 속성은 표현하지 못한다. 한자 규칙에서 척(彳: 길)과 지(止: 발)와 착(辵: 가다)이 의미부로 쓰일 때는 서로 대체가 가능하다.

금문 이전의 일(逸)자는 토(兎)와 지(止)가 결합했을 가능성이 크고, 그 후에 착(辵)이 들어간 일(逸)로 변했을 것이다. 토(兎)와 지(止)의 의미는 토끼가 잘 달아난다는데 있다. 토끼는 적의 추격을 피하기 위해 도망가는 것도 있지만, 항상 지형지물을 사용하여 몸을 숨기고 심지어는 잠자는 둥지처럼 변장시켜 적의 추적을 피하는 습성도 있다.

"교활한 토끼는 세 개의 굴을 갖고 있다.(狡兔三窟·교토삼굴)"라는 속담이 있다. 이는 『전국책·제책(齊策)』에서 나온 이야기이다. "교활한 토끼는 굴이 세 개이기에 죽음을 면할 수 있습니다. 지금 군주께서는 굴이 하나 밖에 없으니 베개를 높이 하여 편하게 잠을 잘 수가 없는 것입니다. 청컨대 두 개의 동굴을 더 만드십시오."

토끼는 쫓는 것을 피하여 잘 도망치고, 상대를 속여 탈출하는 데 뛰어나다. 한자를 만드는 사람들은 해당 사물의 세부적인 특징들을 잘 관찰하여 종종 그 특징을 이용해 한자를 만든다. 토끼는 도망갈 때 보통 풀 속으로 달려가 숨어버리기 때문에 사람들이 추적하기가 어렵다. 그래서 사냥꾼들은 추적하는 능력이 뛰어난 사냥개의 힘을 빌려 토끼를 잡았다. 그래서 개가 사냥꾼을 돕는 보조적인 역할을 하게 된 것이다.

제4부

가축
(오축과 기타)

인류는 수백만 년 전부터 이미 작은 동물들을 잡아먹기 시작하여 잡식의 습관을 가졌다. 또한 도구를 만들고 함정을 설치한 이후로 대형 야생동물을 사냥하기 시작하였고, 육식이 점차 음식의 주요 공급원의 하나가 되었다. 그러나 수렵이 가장 안전하고 신뢰할 수 있는 식량 공급원이 아니었다. 짐승의 번식에는 특정 지역과 계절이 정해져 있어, 일 년 내내 필요한 때에 사람들의 요구를 충족시킬 수 없었기 때문이다. 게다가 짐승을 잡는 데도 상당한 노력이 필요하고 때로는 사냥꾼이 부상을 입을 수도 있고 심지어 죽을 수도 있다. 만약 우리를 만들어 짐승을 집 가까이에 둘 수만 있다면, 언제라도 잡아먹을 수 있는 것이니까, 이 얼마나 이상적인 일일까!

그래서 사람들은 가축을 기르는 방법을 배우고 그것이 편리하다는 것을 알게 되자, 자연스레 자신에게 필요한 우수한 종자의 가축을 대량으로 키우게 되었다. 곡물 재배도 마찬가지다. 만약 그것들을 집 부근에서 자라게만 할 수 있다면 장거리 운송 또는 도처로 찾아다녀야 하는데 드는 시간과 불편함을 해결할 수 있을 것이다. 그래서 고고학자들은 식물재배나 가축사육의 기술 출현을 신석기 시대로 진입하는 표지로 사용한다.

인류는 어떻게 동물을 길들이는 지식을 발견하게 되었을까? 사실에 근거하여 추론하면, 살아있는 짐승을 잡아들이는 것이 동물을 길들일 수 있는 필요조건이다. 그때는 분명 너무 많은 짐승을 잡았는데 그 속에는 부상을 입은 채 살아 있는 짐승도, 아직 어린 새끼도 있었던 때였을 것이다.

사냥꾼들은 이 살아있는 짐승을 곧바로 먹어치우지 않고 일시적으로 우리에다 가두어 놓고 사냥감을 구할 수 없을 때를 기다렸다가 잡아먹었다. 때로는 잡은 양이 상당히 많아 키우는 시간이 매우 길었고, 그런 과정에서 어린 짐승은 사람들과 오랫동안 접촉하게 되었고, 또 사람이 주는 먹이와 보호에도 익숙해져 갔을 것이다. 심지어 가끔이긴 하지만 강건한 야수가 새끼를 낳은 상황도 생겼을 것이다.

　　사육에 대한 사람들의 관심이 서서히 증가하고 결국에는 습관이 되어 축산업이 일어났다. 전설에 따르면 복희씨(伏羲氏)는 그물을 사용하여 짐승을 잡아 부엌을 채웠다고 했는데, 이것이 축산의 시작이었다. 이 전설을 만든 사람들은 살아있는 사냥감이 사육의 선결 조건이라는 것을 잘 알고 있었던 것이다.

　　한자에서 식용, 감상, 노역 등의 목적 때문에 인간에게 사육된 일반적인 동물과 짐승을 축(畜)이라 부를 수 있다. 나중에는 사람들이 보기 드문 야생동물까지 확대되었으며, 결국에는 모든 동물을 지칭하게 되었다. 사람들이 키우려고 했던 동물의 종류는 많았다. 예를 들어 위(爲)자는 코끼리의 긴 코를 손으로 잡고 있는 모습인데, 이는 코끼리가 일찍이 사육되었음을 말해준다. 그러나 이후에 중국에서 가축이라 하면 일반적으로 소, 말, 양, 개, 돼지 등 5종류로 한정된다. 그리하여 오축(五畜)이라는 단어가 생겼다.

054　　**기를 환**

huàn

갑골문에 두 손[廾, 𠂇]으로 돼지 [豕, 𤣦]를 받쳐 들고 있는 모양의 글자가 있다❶. 그중 한 글자는 돼지의 뱃속에 새끼 돼지를 밴 모습 (𤣦)을 했는데, 어미 돼지가 혹시라도 잘못될까 걱정하여 세심하게 보살피다는 뜻을 담고 있다. 이 글자의 의미는 소전체의 자형으로부터 추정해 낼 수가 있다.

『설문해자』에서 이렇게 해설했다. "환(豢)은 우리를 만들어 곡물을 주어 짐승을 키우다는 뜻이다. 시(豕)가 의미부이고, 견(絭)이 소리부이다.(𩰬, 以穀圈養豕也. 从豕, 絭聲.)" 권(絭)은 문자학적으로 분석한 구조이지 평소에 상용하는 글자가 아니다. 갑골문이 소전체의 원류일 텐데, 창제 의미도 모른 채 형성자로 대체하여, 공(廾)자가 들어간 권(絭)자를 구성성분으로 하는 형성구조로 만들어버렸다.

새끼를 밴 돼지를 두 손으로 받쳐 든 것은 어미 돼지가 유산할까 걱정하는 모습인데, 이는 사육 습관이 만들어지고 난 이후에 일어날 수 있는 일이다. 고고학자들은 도축될 어미 돼지가 새끼를 낳은 데서부터 목축업이 시작되었다고 보는데, 환(豢)자가 바로 이러한 정황과 정확하게 일치하고 있다.

❶

055 **공손할 공**

gōng

갑골문에 두 손으로 용을 들고 있는 모양을 그린 ❶이 있다. 공(廾)은 한자에서 자주 등장하는 부호인데, 두 손으로 힘을 모아 어떤 일을 함께 하다는 의미를 나타낸다. 이 부호는 상나라 때도 이미 하나의 독립된 글자였다. 갑골 복사에서는 전쟁과 관련된 일을 하게 하고자 인원들을 징집하다는 뜻으로 쓰였다.

글자의 구성 성분으로서의 공(廾)은 두 손으로 각양각색의 물건들, 기물들, 인원들을 받들고 있는 모습으로 등장하지만, 동물의 경우는 돼지와 용 두 가지뿐이다. 두 손으로 돼지를 받쳐 든 모습인 환(豢)자는 돼지가 사람들의 식용을 위해 사육되었기 때문에 '사육하다'는 의미를 가진다.

그렇다면 두 손으로 용을 받쳐 든 모습은 어떤 의미를 그려내려고 한 것일까? 먼저 『설문해자』의 해석을 보자. "공(龔)은 공손하다는 뜻이다. 공(廾)이 의미부이고 용(龍)이 소리부이다.(龔, 慤也. 从廾, 龍聲.)" 허신은 공손하고 성실하다는 뜻으로 해석했고, 공(廾)이 의미부이고 용(龍)이 소리부인 형성구조로 해석했다.

❶

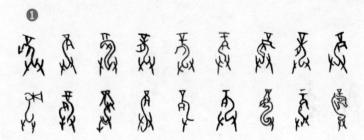

그러나 공(龔)은 성모가 후음에 속하고 용(龍)은 설측음에 속한다. 형성자의 조건이 해당 글자의 소리부가 본래 글자와 운모도 같은 운부에 속해야 할 뿐 아니라 성모도 같은 성부(聲部)에 속해야 한다. 허신은 왜 두 손으로 용을 받쳐 든 모습의 공(龔)이 어떻게 해서 공손하고 진실하다는 뜻을 갖게 되었는지를 알 수가 없었다. 그래서 부득불 형성 구조로 설명했던 것이다.

금문❷에는 공(龔)자가 매우 많이 출현한다. 게다가 한 자형에서는 ❸처럼 소리부 형(兄)이 추가된 것도 있다. 사용된 의미를 보면, 공왕(龔王)이라는 구체적 이름뿐만 아니라 예의 바르고 성실하다는 것도 있다. 이후 문헌에서는 공(龔)자나 공(恭)자를 많이 사용하게 되면서 공(龔)자는 사라지고 말았다.

공(龔)이나 공(恭)자는 모두 공(共)을 소리부로 사용하고 있다. 만약 공(龔)자의 구조가 형성구조라고 한다면 용(龍)은 의미부이고 공(廾)은 소리부가 된다. 공(廾)과 공(共)은 모두 같은 성부(聲部)에 속한다. 그러나 같은 소리부라면 자주 사용되는 공(共)으로 잘 사용되지 않는 공(廾)을 대체하는 것이 합리적이다.

❷   ❸

갑골문을 보면 공(廾)을 구성요소로 사용하여 어떤 것을 잡거나 받쳐 든 동작을 표현한 글자들은 매우 많지만, 공(廾)을 소리부로 사용한 경우는 없다. 그렇다면 공(龔)자는 형성구조가 아니라 회의구조일 것이며, 바로 용의 습성이나 기능 등과 관련된 의미로 창제된 글자일 가능성이 높다.

용(龍)은 일반적으로 양쯔 강 악어를 그린 상형자로 보기 때문에, 악어를 양손으로 잡을 때는 존중하고 신중하게 해야 한다는 의미를 담았을 것이다. 즉 아끼는 물건이나 아니면 신성한 물건을 대할 때처럼 공손한 태도로 대해야 한다는 뜻이다.

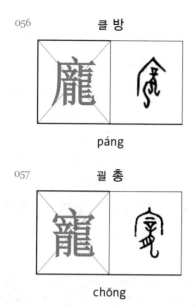

056 **클 방**

páng

057 **괼 총**

chǒng

용은 실제 존재했던 동물이다. 용을 구성성분으로 하여 만들어진 글자에서 총(寵)자와 방(龐)자가 자주 보인다.

갑골문의 방(龐)자(,)를 『설문해자』에서는 이렇게 설명했다. "방(龐)은 높은 집을 말한다. 엄(广)이 의미부이고 용(龍)이 소리부이다.(龐, 高屋也. 从广, 龍聲.)" 방(龐)은 성모가 순음인데, 용(龍)은 설측음이다. 그래서 형성구조의 원칙에 부합하지 않는다.

금문의 총(寵)자(,)에 대해서는 『설문해자』에서 이렇게 해석했다. "총(寵)은 높은 자리에 앉다는 뜻이다. 면(宀)이 의미부이고 용(龍)이 소리부이다.(寵, 尊居也. 从宀龍聲.)" 총(寵)의 설첨음과 용(龍)의 설측음은 형성구조의 원칙에 부합할 수 있다. 면(宀)과 엄(广)은 모두 건축물과 관련된 의미부인데, 이들과 용(龍)이 합쳐진 글자로, 하나는 회의자이고, 다른 하나는 형성자이다.

건물의 높이가 어떻든지 간에 이를 간단한 도형으로 표현하는 것은 매우 어려운 일이다. 그래서 방(龐)에 높은 건물이라는 의미가 있는 것은 용(龍)이 큰 동물이고 용을 사육하려면 넓고 큰 공간이 필요하기 때문일 것이다. 총(寵)자는 용(龍)의 독음을 빌려와 존귀한 사람의 집을 표현한 형성자이다. 그래서 총(寵)은 용(龍)의 형상이나 습성과는 무관한 글자이다.

058 **쌓을 축**

chù/xù

갑골문에서 축(畜)자는 동물의 위(胃, ⊕)가 창자(⅋)에 연결된 모습(⅋)이다. 도기 그릇이 아직 없던 고대사회에서 사람들은 종종 동물의 위를 물이나 술 및 음식물을 저장하기 위한 천연 용기로 사용하여 여행할 때 편리하게 활용했다. 그래서 축(畜)에는 '수용하다', '보존하다' 등의 확장된 뜻이 들었다.

또 이 글자를 만들었던 시절, 사람들이 더 이상 밖으로 나가 사냥을 하지 않았을 수도 있다. 그때 그들이 먹던 내장이나 위 및 기타 내부 장기들은 집에서 키우는 가축에서 나왔기 때문에, 축(畜)에는 '가축(家畜)'의 의미도 생겼다. 축(畜)의 금문 자형은 위 속에 든 음식물을 상징하는 4개의 작은 점이 이미 생략되었으며, 전(田)과 같은 모습으로 변해버렸다❶.

❶

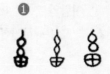

『설문해자』에서는 이렇게 풀이했다.

> "축(畜)은 농사를 지어 축적하다라는 뜻이다. 『회남자』에서 '현(玄)자
> 와 전(田)자가 합쳐져 축(畜)자가 된다.'라고 하였다. 「노교례(魯郊禮)
> 」에서 말한 축(畜)은 [축(𤰞)으로 적어] 전(田)으로 구성되었고, 또
> 자(茲)로 구성되었다. 자(茲)는 불어나다는 뜻이다."(畜, 田畜也. 淮南
> 王曰: 元田為畜, 魯郊禮畜从田, 从茲. 茲, 益也.)

　허신은 축(畜)자의 창제의미를 농지[田]와 농작물의 생장과 관련지
어 설명했다. 만약 갑골문의 자형이 전해지지 않았더라면 축(畜)자가 동
물의 장이나 위의 형상과 관련이 있다는 사실을 상상조차 하지 못했을
것이다. 축(畜)과 농지[田]는 전혀 관계가 없다. 이처럼 한자 자형의 창제
의미의 기원을 찾기 위해서는 가능한 초기 자형에 근거해야 하며, 그럴
수록 오류가 적어지는 법이다.

059

칠 목

牧 𤘙

mù

목축(牧畜)은 자주 사용하는 어휘인데, 목(牧)이 축(畜)과 밀접하게 관련되어 있음을 보여준다. 중국 전통의 역사는 종종 삼황(三皇, 3명의 황제)과 오제(五帝, 5명의 황제)를 그 시작점으로 삼는다. 인류 문명의 진화는 의인화를 거쳤으며, 고대사회 전체를 하나의 연속되는 황제에 의해 상속되는 전통으로 간주하고자 하였다.

가장 먼저, 하늘과 땅이 처음 열린 천지개벽(天地開闢)의 주인공 반고씨(盤古氏), 나무를 얽어 나무 위에 집을 만들어 거주하던 시대의 유소씨(有巢氏), 부싯돌을 만들어 불을 사용했던 수인씨(遂人氏), 그물을 만들어 어렵 시대를 열었던 복희씨(伏羲氏), 씨를 뿌려 곡물 시대를 열었던 신농씨(神農氏), 제국의 시대를 열었던 황제(黃帝) 유웅씨(有熊氏)를 비롯해 이후로 계속 이어지는 일련의 제왕들이 그렇다.

복희씨가 목축업을 대표한다고 믿기 때문에 그의 시대를 농업을 대표하는 신농씨 이전에 놓는다. 그러나 사실 '복희(伏羲)'는 음역일 뿐 목축과는 전혀 관련이 없다. 농업과 목축은 상호 보완적이면서도 상호 배타적이기도 하다. 문화적 진화는 사실 직선으로 진행되는 진화가 아니라 매우 복잡한 양상을 띤다.

목초지가 얼마나 크든, 야생 짐승이 얼마나 빠르게 번식하고 쉽게 잡히는 것에 관계없이, 수렵 일에 종사하는 것은 상당히 긴 시간과 준비를 필요로 한다. 목축업의 흥기로 사람들은 수렵시간을 줄이고 다른 활동을 할 수 있게 되었다. 그래서 농업의 발전은 가축 사육으로 인해 먹거리를 찾아다녀야 했던 시간의 단축에 힘입은 바가 크다. 그로 인하여 사람들은 야생 식물의 생장을 관찰하고 각종 가축의 사육에 관한 실험처럼 농사에 관한 실험을 할 수 있는 충분한 시간을 가지게 되었다.

중국의 농업 발전은 1만년 이상의 역사를 갖고 있어 결코 목축업의 시작보다 늦지 않다. 일부 가축 사육이 농업보다 먼저 시작되었다 하더라도 대부분의 가축은 농업 발전 후에 비로소 성공적으로 길들여질 수 있었다.

대량의 가축을 몰고 목초지를 따라 다니며 생활하는 것은 가축을 고정된 장소에 가두어 놓고 키우는 것만큼 편리하지 않다. 게다가 농업이 발전하면 사료를 생산할 수 있게 되어 더 많은 가축을 키울 수 있다. 또 다른 한편으로 가축을 키우는 것도 노동력을 제공하여 농업 생산량을 늘릴 수도 있다.

그러나 농업과 목축 사이에는 근본적인 모순이 존재한다. 그것은 바로 소나 양을 기르는 등 목축을 발전시키려면 목초지가 경작지를 차지하게 되고, 농업을 발전시키려면 초원이나 산지를 개간하여 경작지로 만들어야 한다. 같은 면적의 토지에 농작물을 키우는 것이 가축을 기르는 것보다 더 많은 사람들을 먹여 살릴 수 있기 때문에 인구 압력 하에서 기후나 토지 및 기타 조건이 허용할 경우 목초지가 필요한 목축 산업은 농업으로 대체되게 된다. 중국의 상황이 바로 그러한 증거이다.

갑골문에서 목(牧)자는 두 가지 필사법이 존재한다. 하나는 손에 막대기를 들고 소를 모는 모습이고❶, 다른 하나는 양을 모는 모습이다 ❷. 두 가지 자형에는 똑같이 길을 나타내는 자형이 들어 있다(㩧, 㩧, 㩧, 㩧). 그래서 목(牧)자의 창제 의도는 한 손으로 막대기를 쥐고 소나 양을 이끌어 방목하다는 의미이다. 이 4가지 자형에서는 모두 갑골문의 가장 이른 시기인 제1기에 나타나고 있다. 그렇다면 도대체 소를 먼저 키운 것인지, 아니면 양을 먼저 키운 것인지, 길의 부분을 생략할 것인지, 실의 부분을 더할 것인지, 이런 것은 어떻게 결정되었는가?

학자들은 일반적으로 족휘(族徽)부호를 씨족을 상징하는 기호라 여기는데, 이들 도형은 종종 고대의 필사법으로 표현되었다. 목(牧)자가 아(亞)자 속에 든 3개의 족휘 부호(㗊, 㗊, 㗊)에서, 목(牧)자는 길옆에서 소를 몰아가는 모습을 했다. 그래서 길이 들어간 자형이 비교적 정식 글자이며, 길이 들어가지 않은 자형이 이후에 생겨난 글자라는 사실을 확정할 수 있다. 게다가 쇠(牛)로 구성된 글자가 양(羊)으로 구성된 글자보다 시기적으로 더 앞선다고 할 수 있다. 길옆에서 소나 양을 몰고 가는 방목 행위는 그것이 산기슭이나 초원에서 이루어지는 대규모의 전문적인 목축이 아니라 자투리 시간을 이용한 소규모의 방목임을 보여준다.

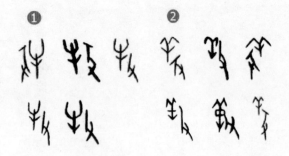

목(牧)이라는 한자를 창제할 때 당시의 사람들은 주로 농업을 기반으로 하고 있었으며, 소나 양을 방목하는 것은 단지 농업 외에 하는 소규모 산업일 뿐이었다. 그 당시의 소와 양은 모두 중요한 가축의 하나였으므로 이 둘이 방목을 위한 목(牧)자를 만드는데 선택되었던 것이다. 그러나 당시 사람들은 갈수록 농업에 더 의존하게 되었고, 그런 과정에서 양은 농업에 많이 활용되지 않았을 뿐 아니라 목초를 사료로 사용해야 했기 때문에 농경지와 공존하기가 어려웠다. 금문❸❹에서는 여전히 우(牛)로 구성된 글자와 양(羊)으로 구성된 두 가지 자형을 유지했다. 그러나 한나라에 들어서는 『설문해자』에서 소를 몰아가는 모습(牧)인 목(牧)만 남게 되었다. 게다가 양(羊)으로 구성된 글자(养)를 양(養)자의 고문체라고 오인하고 말았다. 예컨대 『설문해자』에서 "양(養)은 먹여 키우다는 뜻이다. 식(食)이 의미부이고 양(羊)이 소리부이다. 양(养)은 양(養)의 고문체이다.(養, 供養也. 从食, 羊聲. 养, 古文養.)"라고 했다.

❸　　　　　　　　　❹

060

양 양

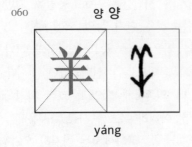

yáng

갑골문에서 양(羊)자❶는 머리에 구부러진 뿔 한 쌍을 가진 동물을 그린 것으로 보인다. 양과 소는 고대사회에서 방목을 했던 중요한 가축이다. 중국에서 소와 양이 다른 동물과 갖는 가장 큰 차이는 머리에 뿔이 있다는 점이었다.

그래서 각각 소와 양의 머리로써 그것들을 대표하였다. 양(羊)의 일부 자형은 머리에 끈이 그려졌는데(羊, 羊), 이는 인간에게 잘 길들여진 종류임을 나타내 준다. 양(羊)자의 초기 자형은 ❣인데, 가장 위쪽의 두 개의 굽은 획은 두 뿔을 나타내고, 두 개의 비스듬한 선은 두 눈을 나타내며, 가운데의 직선은 콧등이다. 점차 눈과 뿔 사이에 가로획이 하나 더해져 羊가 되었는데, 이는 자형 변화의 일반적인 규칙이다.

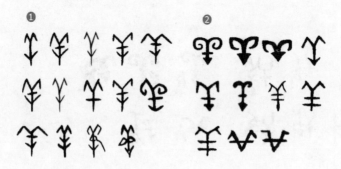

금문의 자형은 좀 더 변화하여 눈도 가로선으로 그려졌다❷. 이 때문에 『설문해자』에서도 오해를 할 수 밖에 없었다. 『설문해자』에서는 이렇게 해석했다. "양(羊)은 상(祥)과 같아 상서롭다는 뜻이다. 네 개의 발과 꼬리를 그렸다. 공자께서 말했다. '우(牛)나 양(羊)과 같은 글자들은 구체적 형체를 들어 그렸다.' 양(羊)으로 구성된 글자들은 양(羊)이 모두 의미부이다.(羊, 祥也. 从 象四足尾之形. 孔子曰: 牛羊之字以形舉也. 凡羊之屬皆从羊.)" 이 자형을 두고 4개의 발과 꼬리를 포함한 양 전체의 모습이라 오해한 것이다.

양은 초지에 풀어 놓으면 스스로 먹이를 찾아 먹을 수 있어서, 인간이 사료를 먹여 주지 않아도 되고 또 돌보는 데 별 인력이 필요하지 않다. 그래서 대부분의 지역, 특히 반 건조 지역에서는 양이 최초로 가축화되었다. 그러나 중국에서는 양이 최초의 가축은 아니었던 것으로 보인다. 비록 양의 유골과 양을 모델로 한 도기 모형이 기원전 6천 년 전의 하남성 정주(鄭州)의 배리강(裴李崗) 유적지에서 발견되었지만, 중국인들이 살았던 지역의 주요 생활 방식은 농경이었다.

6천 년 전 또는 그보다 이른 시기의 유적에서 발굴된 뼈는 대부분이 돼지와 개였다. 용산(龍山) 문화 시대에 이르러서야 비로소 소와 양의 뼈가 더 많이 출토된다. 그리고 중원의 서쪽과 북쪽의 반 건조 지역이 유목 지역에 속했는데, 이 지역에서는 신석기 시대 이래로 줄곧 소와 양의 뼈가 돼지나 개보다 많이 출토되었다. 중원 지역의 양은 본래부터 있던 종이 아니며, 양 사육은 유목 지역의 영향을 받았음이 분명하다.

기원전 8천~9천년 때쯤, 기후적인 원인으로 인해 중국의 남부에서 인간의 흔적이 더 많이 남아 있다. 중원 지역의 기후는 따뜻하고 습해서 돼지와 개의 활동에 적합했고, 그래서 돼지와 개의 사육이 먼저 이루어졌다. 이후 온도가 대폭으로 상승했고 그러자 중국의 남부는 더 이상 정착에 적합하지 않아 사람들이 북쪽으로 이주하여 농경을 하게 되었다. 이때 돼지와 개 사육 기술도 중국 북부로 가져갔으며, 이때부터 중국 북부 지역에서도 돼지와 개가 소와 양보다 더 흔하게 되었다.

061

도타울 돈

dūn

갑골문에는 돈(敦)자❶가 있는데, 금문에서도 기본적으로 자형이 변하지 않았다❷. 이 또한 향(䖒=享: 즐기다)과 양(羊)자로 결합되었다. 『설문해자』에서 이렇게 설명했다.

"돈(敦)은 익히다는 뜻이다. 극(丮)과 양(羊)으로 구성되었다. 순(純)과 같이 읽는다. 달리 죽을 말한다고도 한다. 돈(䭉)은 돈(䭉=敦)의 전서체이다."(䭉, 孰也. 从丮羊. 讀若純. 一曰鬻也. 䭉, 篆文䭉)

그리고 숙(孰)자에 대해서는 『설문해자』에서 이렇게 해설했다.

"숙(孰)은 음식을 요리하다는 뜻이다. 극(丮)과 돈(䭉)으로 구성되었다. 『주역』에서 '음식을 요리한다.'라고 했다."(𡫥, 食飪也. 从丮䭉. 易曰: 孰飪.)

숙(孰)자는 오늘날의 숙(熟)자에 해당한다. 돈(敦)자의 다른 의미는 죽(鬻)이라고 했는데, 쌀이 문드러지도록 푹 끓인 음식을 말하며, 지금은 죽(粥)으로 줄여 쓴다. 그래서 돈(敦)자의 창제의미는 음식의 요리와 관련되어 있는 듯 보인다. 이 글자의 구조를 보면 향(㐭=享)자 앞에 양(羊) 한 마리가 놓인 모습이다. 갑골문에서 향(享)자는 기단을 가진 건축물을 말한다. 이러한 건축물은 비용도 많이 들고 공도 많이 들여야 했는데, 신령들에게 제사를 드릴 목적으로 만들어진 건축물이다. 양(羊)은 고대 사회에서 신령에게 바치던 중요한 희생의 하나였다.

이 두 가지 구성요소가 조합하여 음식물을 문드러지도록 푹 끓인다는 의미를 담았다. 그것은 분명 "신령 앞에 바치는 양고기는 문드러질 정도로 푹 고아야 한다."라는 의미를 담고 있다 하겠다.

숙(孰)자의 경우, 갑골문을 보면 기단이 있는 건물 앞에서 한 사람이 손을 뻗고 있는 모습(𓎡)이다. 금문에서는 여(女)자가 하나 더 더해졌는데, 제사를 지내는 사람이 남자든 여자든 모두 가능함을 나타낼 뿐, 별 다른 정보가 더해진 것은 아니다. 『설문해자』의 소전체에서는 이 여(女)자를 양(羊)자로 바꾸어 버렸고, "숙(孰)은 음식을 요리하다는 뜻이다. 극(丮)과 돈(𦎫)으로 구성되었다. 『주역』에서 '음식을 요리한다.'라고 했다."라고 해석했다.

갑골문에서부터 소전체까지의 자형을 종합해 볼 때, 숙(孰)자는 양을 푹 익혀서 제수 품으로 바친다는 의미를 반영했다. 양고기, 특히 껍질을 벗기지 않은 양고기는 익히기가 쉽지 않기 때문에, 오랫동안 삶아야만 요리해서 먹을 수가 있다. 다른 가축의 경우 요리와 관련해서 자형을 만든 경우는 잘 보이지 않는다.

한 왕조 이전에는 양이 소 바로 다음으로 중요한 희생 제물이었는데, 소는 체격이 큰 가축이었기 때문일 것이다. 양(羊)의 경우 사육의 양이 적었기 때문에 귀중하고 맛있는 음식으로 여겨졌다. 중국에서는 농업을 발전시키기 위해 대량의 목초지가 농지로 개간되었다. 그 때문에 양의 식량 공급원이 차단되었고 사육 양이 크게 감소하게 되어, 결국에는 주요 육류 공급원으로서의 지위를 점차 상실하고 말았다.

양은 후대 사회에서 육류를 제공하는 주요 가축은 아니었지만 도리어 예술의 주된 소재가 되었다. 양의 순한 성격 때문인지 아니면 독음상의 연관성 때문인지 양은 길조의 상징으로도 여겨졌다. 세 마리의 양은 후대에 자주 등장하는 도안인데, 봄의 첫 달을 대표하는 『주역』의 태괘(泰卦)에서 의미를 가져왔다. 태괘는 아래에 3개의 양효와 위에 3개의 음효로 구성되었는데, 양(羊)의 독음이 양(陽)과 같았기 때문에, 세 마리의 양으로써 새해를 축하하는 말인 '삼양개태(三陽開泰)'의 의미를 표현했다. 정월 이후가 되면 양기가 점차 누적되어 음기를 넘어서게 되므로 천지만물이 점차 활발해지고 번성하게 된다.

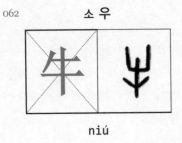

062　소 우

niú

갑골문에서 우(牛)자❶는 금문의 자형❷과 가장 이른 단계를 대표하는 족휘(族徽)부호인 🐂나 🐄 등에 근거해 볼 때, 소의 머리 모양을 묘사한 것임을 알 수 있다.

그래서 『설문해자』에서 이렇게 해설했다.

"우(牛)는 일을 하다, 관리하다는 뜻이다. 뿔과 세 개의 봉우리와 꼬리의 모양을 그렸다. 우(牛)에 속하는 글자들은 모두 우(牛)가 의미부이다."(牛, 事也, 理也. 象角, 頭, 三封, 尾之形也. 凡牛之屬皆从牛.)

이 역시 양(羊)자의 해석과 마찬가지로 소 전체의 이미지를 그린 것으로 잘못 생각했다.

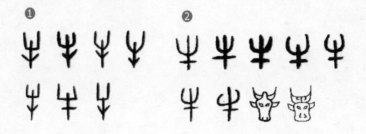

체형이 크고 힘이 센 소는 포유류의 짝수 발굽을 가진 우제(偶蹄)(포유동물 우제류의 네 발은 보통 발굽이 두 개나 네 개로 구성되어 있음)목에 속하는 동물로, 중국에서 가장 흔한 가축의 하나이다. 인류가 이미 1만년 이상 가축을 길들여 왔지만 중국에서 소를 가축으로 사육한 것은 매우 늦게 시작되었다. 서양에서는 소가 인간에게 사육된 최초의 유적이 7천8백 년 전까지 거슬러 올라간다. 중국의 경우, 소의 뼈가 7천여 년 전의 유적지에서 발견되었지만 그것이 가축화 된 단계의 뼈인지는 확실하지 않다.

5천여 년 전에 이르러야만 소의 뼈가 여러 유적지에서 보편적으로 발견된다. 그래서 이때가 되면 소가 집에서 기른 품종이라 확신할 수 있으며, 뼈의 모양도 야생의 것과 크게 달라졌다. 소는 비록 몸집이 큰 야생동물이었지만 길들여진 후로는 성질이 온화하게 변했고 심지어 아이들조차도 소의 코에 코뚜레를 꿰기만 하면 끌고 다닐 수 있을 정도였다. 그러나 이는 소가 가축화된 지 오랜 시간이 지난 후에 일어난 일이다. 가축화되기 이전의 소는 매우 맹렬하고 제멋대로 날뛰는 그런 짐승이었다. 적어도 고대 사람들이 소의 체격이 크고 게다가 뾰족한 뿔까지 있는 것을 보고서 소라는 짐승을 길들일 수 있을 것이라고 감히 생각조차 못했을 수도 있다. 그 때문에 소가 가축화된 시기가 늦어졌고, 이를 길들여야겠다는 생각을 마음대로 하지 못했을 것이라 생각한다.

063 **수컷 모**

mǔ

064 **암컷 빈**

pìn

사람들이 야생 동물을 가축으로 길들인 후에는 신체적 능력과 기능이 다르기 때문에 이들 동물의 성별을 이해해야 했다. 때로는 경제적 가치가 없는 성별은 제거하거나 어떤 성별은 의도적으로 유지해 특별한 용도에 사용해야만 했다. 예를 들어, 기원전 5천2백 년 전의 무안(武安) 자산(磁山) 유적지에서는 닭 뼈가 많이 발견되었는데, 수탉이 대부분이었다. 이는 암탉을 의도적으로 남겨 알을 낳도록 했다는 것을 보여준다. 소의 경우 암수에 따라 육류의 질에서도 명백한 차이가 있을 수 있다.

상나라 사람들은 귀신과 신에 대한 제사를 매우 중시했는데 점복을 행할 때 어떤 종류의 소를 바칠 것인지, 희생을 받는 신들이 어떤 성별을 선호하는지에 대해 종종 물었다. 갑골문은 사(士)자로 수컷 희생물을, 비(匕)자를 사용하여 암컷 희생물을 나타냈다. 예컨대, 수컷 소를 뜻하는 모(牡)는 우(牛)에다 사(士)자를 더했고❶, 수컷 양을 뜻하는 빈(牝)은 양(羊)에다 사(士)자를 더했는데❷, 이런 식으로 수컷 돼지❸, 수컷 사슴(䍇) 등을 표시할 수 있었다.

사(士)는 원래 수컷의 생식 기관을 나타내는 간단한 형상(⊥)이었는데, 자형이 변화하는 습관에 따라 먼저 직선에 작은 점이 추가되었으며, 이 점은 다시 작은 가로획이 되었고, 또다시 짧은 획이 긴 획으로 바뀌어 금문처럼의 자형으로 변했다❹. 만약 어느 획이 더 긴지 신경을 쓰지 않는다면 때로는 토(土)자와 구분이 어려울 수도 있다. 소전체에서는 아래 획이 조금 짧은 자형을 가져와 사(士)자로 사용함으로써 원래의 글자 창제의 의도를 알아볼 수 없게 되었다.

그래서 『설문해자』에서도 이렇게 해설했다. "사(士)는 사(事)와 같아서 '일을 하다는 뜻이다. 숫자는 일에서 시작되어 십에서 마친다. 일(一)과 십(十)으로 구성되었다. 공자께서 '십(十)에 일(一)을 더한 것이 사(士)이다'라고 말했다. 사(士)로 구성된 글자들은 모두 사(士)가 의미부이다. (士, 事也. 數始于一, 終於十. 从一十. 孔子曰 : 推十合一為士. 凡士之屬皆从士.)"

동물의 성별을 구별하는 것은 상나라에서는 매우 중요한 일이었다. 그래서 성별이 다른 동물은 다른 자형으로 표현해야 했다. 그러나 후대사람들은 이미 가축과 접촉할 일이 적었고 게다가 제사 같은 일에도 참여하지 않게 됨으로써, 각종 동물의 성별을 자세히 구분해야 할 필요가 없게 되었다. 그렇게 됨으로써 수소로써 암소를 포함한 모든 소를 대표하는 글자로 삼게 되었다.

❹

『설문해자』에서도 이렇게 해설했다. "모(牡)는 수컷 짐승을 뜻한다. 우(牛)가 의미부이고 토(土)가 소리부이다.(牡, 畜父也. 从牛, 土聲.)" 한나라 때 사람들은 이미 이 글자의 변화 과정을 잘 몰랐기 때문에 이를 형성자로 오인했던 것이다.

암컷 동물의 경우, 갑골문에서는 마찬가지로 해당 동물에다 비(匕)를 더해 표현했다. 예컨대, 암컷 소❺, 암컷 양❻, 암컷 돼지❼, 암컷 개(♀), 암컷 호랑이(♀), 암컷 사슴(♀) 등과 같은 식이다.

갑골문의 비(匕)자❽와 금문의 비(匕)자❾는 모두 어떤 기구의 모양을 그렸다. 긴 손잡이에다 끝이 약간 구부러졌고, 앞면에 작은 용기가 달린 모습으로, 숟가락의 형상이다. 숟가락에는 두 가지 유형의 있는데, 하나는 술을 뜰 때 쓰던 것으로 바닥에는 구멍이 없다. 다른 하나는 상단에 작은 구멍이 많이 있어서 국물에서 야채를 걸러내는 데 사용하던 것이다. 숟가락은 주방에서 일상적으로 사용되는 도구이다. 대부분 여성들이 주방에서 일하였으므로 일부 사회에서는 숟가락을 여성의 상징으로 사용하기도 했다. 여자 아기가 태어났을 때, 숟가락을 걸어두어 친구와 친척에게 이러한 메시지를 알리기도 했다.

『설문해자』에서는 이렇게 해설했다.

> "비(匕)는 '서로 함께 나열하여 순서를 매기다(相與比敍)'라는 뜻이
> 다. 뒤집은 모습의 인(人)으로 구성되었다. 비(匕)는 또 밥을 떠먹는
> 기구이기도 한데, 달리 사(柶)라고 하기도 한다. 비(匕)로 구성된 글
> 자들은 모두 비(匕)가 의미부이다."(𠤎, 相與比敍也. 從反人. 匕亦所以
> 用比取飯, 一名柶. 凡匕之屬皆从匕.)

비(匕)를 두고 밥을 떠먹을 때 쓰는 숟가락이라 풀이한 것은 조금은
틀린 표현이라 할 수 있다. 밥을 뜨는 숟가락의 표면은 평평한데, 비(匕)
의 모양을 보면 전면에 음식이 담기도록 하기 위한 오목한 부분이 있다.
이것이 표현의 초점이므로, 국을 뜨는 숟가락이라고 풀이해야 옳다.

이 글자는 갑골문에서는 암컷 동물을 표현하는 것 외에도 할머니뻘을
뜻하는 비(妣)자를 표현하기 위해 차용되었다. 후대에서는 빈(牝)자로써 모
든 암컷 동물을 나타냈다. 『설문해자』에서 이렇게 해설했다. "빈(牝)은 암컷
짐승을 말한다. 우(牛)가 의미부이고 비(匕)가 소리부이다. 『역경』에서 '암소
를 키우면 길하리라.'라고 했다.(牝, 畜母也. 从牛, 匕聲. 易曰: 畜牝牛吉.)"
그러나 엄격히 말하면 빈(牝)자는 표의구조이지 형성구조는 아니다.

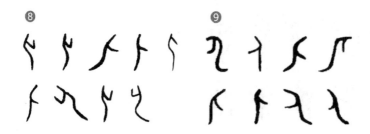

065 **우리 뢰**

láo

상나라 때 신령과 신을 숭배하기 위해 사용한 소에는 황우(黃牛: 황소), 리우(犁牛: 쟁기질용 소), 유우(幽牛), 시우(戠牛: 얼룩소) 등과 같이 다양한 유형이 있었다. 성별로는 모(牡: 수소)와 빈(牝: 암소)이 있어 선택적으로 사용되었다. 이외에 뢰(牢)자도 이와 관련이 있다.

갑골문에서 언급된 희생에 바친 소나 양의 경우 비교적 높은 품질을 가진 것이 뢰(牢)였는데, 각기 ❶과 ❷와 같다. 이들은 소나 양이 입구가 좁은 우리 속에 갇힌 모습이다. 갑골문에서 뢰(牢)자의 구체적인 의미에 대해서는 학자들 사이에서 상당한 논쟁이 있다. 때때로 뢰(牢)자 앞에 대(大)나 소(小)와 같은 수식어가 붙는데, 어떤 학자들은 이러한 글자들이 사육 방법의 차이를 말한다고 하기도 하고, 또 어떤 학자들은 일반적인 소나 양과 사육되는 장소가 다른 것을 말한다고도 하고, 또 어떤 학자들은 제사를 지낼 때 짝수의 희생을 사용한 것이라고도 하며, 또 어떤 학자들은 소나 양이나 돼지 등을 한꺼번에 사용한 것이라고도 하여, 의견이 일치되지 않고 있다.

❶

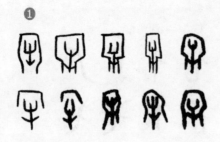

자세한 통계 및 분석에 따르면, 우(牛)로 구성된 글자(🐂)와 양(羊)으로 구성된 글자(🐏) 사이에는 확실한 구분이 존재한다. 이들 두 가지는 정선된 소나 양을 특별한 우리에서 키웠으며 사방으로 아무데나 방목하여 부정한 사료를 먹지 않도록 하였다. 이들은 제사에 사용될 정선된 희생물이었으며, 이로써 신들에 대한 존경과 신중함을 보여주었다. 우(牛)와 양(羊)자는 행동이나 사료에 제약이 없는 일반적인 희생을 나타내는 단어였다.

　　대뢰(大牢)와 소뢰(小牢)의 차이는 어디에 있었을까? 현재 우리가 알고 있는 것은 그것이 숫자의 차이에 한정되지 않는다는 것이다. 그러나 이들의 확실한 차이점에 대해서는 여전히 명확한 답을 찾지 못했다. 금문의 시대에는 우(牛)로 구성된 글자와 양(羊)으로 구성된 뢰(牢)자가 아직 존재했었다(🐂, 🐏). 그러나 소전체에 들어서는 우(牛)로 구성된 뢰(牢)자만 남았는데, 이마도 양(羊)으로 구성된 뢰(牢)자가 도태된 것과 관련되었을 것이다. 뢰(牢)자의 자형이 잘못 변화되긴 했지만 그것이 우리 속에 갇혀 사육된 것을 표현했다는 것은 여전히 알 수 있다.

❷

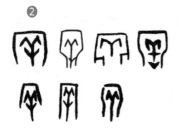

『설문해자』에서는 이렇게 해설했다. "뢰(牢)는 둘러친 난간을 말한다. 소를 키우고 말을 키우는 우리를 말한다. 우(牛)와 동(冬)의 생략된 모습으로 구성되었다. 사방이 울타리로 둘러쳐진 데서 의미를 가져왔다.(牢, 閑也, 養牛, 馬圈也. 从牛, 冬省, 取其四周帀.)" 짐승을 키우는 우리의 난간은 튼튼하게 만들어야만 귀중한 짐승이 도망가지 못한다. 그래서 뢰(牢)에 '견고하다'와 '감옥'이라는 뜻이 생기게 되었다.

『춘추』에 소의 뿔이 쥐에게 물렸기 때문에 다른 소로 바꾸어야 할지를 점을 쳐 물어본 기록이 전한다. 이렇듯 소나 양의 사육 조건을 잘 보장하는 것은 제사를 위해 매우 중요한 일이었다. 그래서 격리해서 사육하는 특별한 조치가 있었을 것이다.

소와 양을 위한 우리가 만들어졌을 뿐 아니라 가능한 한 귀신과 신을 기쁘게 하기 위해 희생으로 쓸 소와 양의 성별과 나이를 물어보기도 했다. 『예기·왕제(王制)』에서 이렇게 말했다. "천지에게 제사드릴 때 쓰는 소는 뿔이 밤톨만한 것을, 종묘의 제사에 쓰는 소는 뿔이 손에 잡힐 정도 크기의 것을, 손님을 접대할 때 쓰는 소는 뿔의 크기가 한 자 되는 것을 쓴다.(祭天地之牛, 角繭栗. 宗廟之牛, 角握. 賓客之牛, 角尺.)"

이는 천지 신에게 제사를 지낼 때에는 뿔이 막 자라나기 시작한 어린 소를 쓰고, 종묘에서 지내는 조상의 제사에는 손에 잡힐 정도의 작은 뿔을 가진 어린 소를 선택해야 한다고 했다. 이는 어린 소의 육질이 부드럽고 맛있기 때문이었다. 어린 소에 뿔이 막 자라나기 시작했을 때 뿔이 아직 부드럽고 연약하였기 때문에 쥐가 파먹어 외형이 손상을 입었던 것이다. 그래서 점을 쳐 다른 소로 바꾸어야 할지를 물었다. 만약 손님을 대접하는 연회에 사용할 소라면 가장 경제적인 가치를 가진 소, 즉 매일 일을 시키거나 잡아먹는 고기가 많은 육우를 선택하라고 했다. 자형에서 뿔에 가로획이 하나 추가된 것은 그것이 1살짜리 소라

는 것을 나타내고(🐂), 3개의 가로획이 추가되었다면 3살짜리 소이다(🐂). 3
살짜리 소에다 남성 표시를 더하면 3살짜리 수소가 된다(🐂). 나머지 4살짜
리 수소는 🐂, 6살짜리 수소는 🐂 등으로 표현되었다. 다른 동물의 경우,
이런 식으로 나이에 대해 특별한 주의를 기울인 적이 없으며 이처럼 전문
글자를 만들지도 않았다.

소는 상나라에서 가장 엄숙한 희생 제물이었지만, 양, 돼지, 개 등과
동등하게 취급되어 육류를 공급하는 가축으로 사용되기도 했다. 동주
시대에 이르자 소는 쟁기질에 이용되어 극도의 경제적 효율을 가지는
존재가 되었다. 그래서 정치인들이 소를 극히 중요하게 여겨 도축을 제
한하게 되었고 더 이상 일반 백성들의 고기로 공급되지 않았다. 그래서
『예기·왕제(王制)』에서 "제후는 특별한 이유 없이 소를 죽여서는 아니
되며, 대부는 특별한 이유 없이 양을 죽여서는 아니 되며, 사(士)는 특별
한 이유 없이 개나 돼지를 죽여서는 아니 되며, 서민들은 특별한 이유
없이 진귀한 음식을 먹어서는 아니 된다.(士無故不殺犬豕, 庶人無故不食
珍.(諸侯無故不殺牛, 大夫無故不殺羊, 士無故不殺犬豕, 庶人無故不食珍.)"
라고 했던 것이다.

나라의 임금조차도 특별한 일이 있어야만 소를 잡아먹을 수 있었다.
동한 이후로는 불교의 영향을 받아 소고기를 더 덜 먹게 되었다. 그리
하여 소는 일반 사람들이 식용하는 동물은 아니었으며, 왕이 대신들에
게 하사하는 진귀한 음식이 되었다.

얼룩소 리/쟁기 려

lí

갑골문에는 종종 어떤 종류의 소를 희생으로 바쳐 제사를 지내면 신들이 만족할 것인지를 물어본 내용이 등장한다. 종류가 다른 소들은 일반적으로 털 색깔에 따라 황우(黃牛), 유우(幽牛), 시우(戠牛) 등과 같은 이름으로 등장한다.

하지만 리우(犁牛: 쟁기질용 소)는 그 기능에 따라 붙여진 이름이다. 갑골문에서 쟁기를 뜻하는 리(犁)자를 처음에는 ❶과 같이 적었다가 ❷와 같이 나중에 🐾와 ♀가 한 글자로 병합되었다. 이러한 소는 경작과 관련이 있기 때문에 글자 위에다 화(禾: 곡식)를 더해 현재의 리(犁)자가 만들어졌다.

리(犁)자의 초기 형태는 무엇을 표현하고자 했던 것일까? 이 글자는 두 글자가 조합된 모습인데, 🐾는 흙을 뒤집어엎는 농기구인 쟁기의 측면 모습을 그렸는데, 아래 부분이 보습이 설치된 곳이고, 윗부분이 손잡이가 달린 부분이다. 2~3개의 작은 점들은 뒤집힌 흙덩어리를 상징한다. 여기에 표현된 쟁기 그림은 일반 칼[刀]을 매우 닮았다. 칼은 무언가를 자를 때 칼에 잘린 물건은 두 조각이 되어 칼의 양쪽에 있게 된다. 그러나 쟁기를 흙 속에 삽입하고 땅을 갈면 뒤집혀 올라오는 흙은 쟁기의 맨 윗부분에만 있게 된다. 그래서 이 글자는 쟁기 작업을 표현하는데 적합한 모습이다.

❶

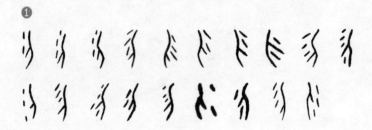

소에는 기본적으로 두 가지 종류가 있다. 하나는 마른 땅에서 움직이기를 좋아하는 종으로, 수레를 끄는 황소가 이 범주에 속한다. 다른 하나는 습한 진흙투성이의 환경에서 움직이길 좋아하는 종으로, 밭에서 쟁기질을 하는 리우(犂牛)가 이 범주에 속한다. 𝖞는 쟁기의 머리 즉 보습이고, 𝖞와 𝖞는 밭을 경작하는 소의 일종이다. 𝖞가 소의 품종에 사용될 때는 밭을 가는 리우(犂牛)라는 뜻을 가진다. 리우(犂牛)는 종종 연결되어 사용되며 함께 한 단어로 합성되어 결국에는 한 글자가 되었다. 쟁기의 손잡이를 대표하기도 하고 또 쟁기질 하는 소를 뜻하기도 한다. 이후 𝖞자는 결국 사라지고 말았다.

일부 학자들은 상나라 때 우경(소를 이용한 밭 갈기)이 있었다고 믿지 않기 때문에, 이 글자의 의미는 여러 색이 섞인 얼룩색이라고 본다. 그것은 쟁기를 사용하여 흙을 파면 뒤집혀진 흙덩이에는 흙과 건초가 섞여 색이 순수하지 않기 때문에, 이 글자가 '잡색'이라는 의미를 가진다고 보는 것이다. 이후에서도 소개하겠지만 상나라 때 이미 우경이 이루어졌다는 것은 문자로 충분히 증명이 가능하다. 알다시피, 상나라 때에는 말을 타고 코끼리를 부려 일을 할 수 있었기에, 소를 사용하여 쟁기를 끄는 것이 불가능했다고 할 수는 없다.

❷

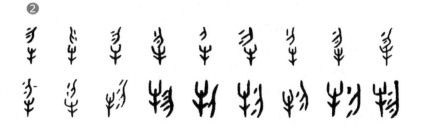

그래서 리(犁)의 의미는 '쟁기를 끄는 소'의 종류를 지칭한다. 『설문해자』에서 이렇게 설명했다. "려(犂)는 경작하는 뜻이다. 우(牛)가 의미부이고 려(黎)가 소리부이다.(犂, 耕也. 从牛, 黎聲)" 이 설명은 후대의 자형을 기반으로 한 분석으로, 그다지 정확한 해석은 아니다.

소는 힘이 강하고 안정된 상태로 길을 걸으며 지구력도 강하다. 그래서 무거운 짐을 먼데까지 실어 보낼 수 있으며, 노약자나 여성 및 어린이들에게 적합한 교통수단일 뿐만 아니라 군사적으로나 경제활동에서나 선호하는 운송 수단이기도 하다.

그래서 『풍속통의일문(佚文)』에서 이렇게 말한 적이 있다. "건무(建武) 연간 초에 군역이 극히 잦았는데, 소도 다 소모되고, 농업도 피폐되는 바람에 쌀 한 석에 1만금이나 했다.(建武之初, 軍役亟動, 牛亦損耗, 農業頗廢, 米石萬錢)"

군사 작전을 수행하기 위해 소가 끄는 수레로 군사 물자들을 끝도 없이 운반해야했기 때문에 농지는 황폐해져 수확량이 크게 줄었고, 줄어든 수확량 탓에 쌀 가격이 폭등했다. 그리고 전장에서는 소가 끌던 수레를 자주 포획했다. 서주 후기 때의 「다우정(多友鼎)」에는 유목민인 험윤(獫狁)과의 전쟁에 대해 기록되어 있는데, 첫 번째 전투에서 2백 명 이상을 죽이고 23명을 생포했으며, 1백 대 이상의 수레를 획득했다. 두 번째 전투에서는 36명을 사살하고, 2명을 생포했으며, 수레 10대를 획득했다. 험윤은 말을 타는 데 능숙한 기마 민족으로, 수레는 전투를 위한 도구로 사용된 것이 아니라 보급품을 운반하는 데 사용된 것이었다. 『사기·주본기(周本紀)』에서도 주나라 무왕이 상나라를 정복한 이후, "소를 도산의 유허지에 풀어놓았고, 무기를 땅에 묻었으며, 병사를 해산하고 군대를 철수하여 더 이상 무력을 사용하지 않겠다는 의지를 세상에 내보였다.(放牛於桃山之虛, 偃干戈, 振兵釋旅, 示天下不復用也)"라고 했다. 만약 무거운 짐을 먼 곳까지 운송할 수 있는 소의 힘이 없었더라면 먼 곳으로의 원정도, 패업의 완성도 불가능했을 것이다.

그러나 민간인의 경우, 가축의 가장 큰 경제적 이점은 소를 쟁기질에 동원하여 땅을 깊이 파는 것에 있었다. 땅을 깊이 판다는 것은 농지의 휴경기를 단축시킬 수 있고 농지의 이용률을 높일 수 있다는 의미이다. 우경은 빠른 속도로 땅의 흙을 뒤집어엎어 시간을 크게 절약시킨다.

상나라 후기의 수도 안양(安陽)은 인구가 집중된 도시로, 토지 이용률이 매우 높았을 것으로 추정된다. 그래야만 많은 사람들의 식량 수요를 충족시킬 수 있기 때문이다. 연구에 따르면, 비교적 일찍 발달한 고대 문명 지역에서는 동물의 힘을 빌려 수레를 끌고 쟁기질을 하는 시간이 서로 비슷하다고 한다. 짐승들을 이용하는 원리는 똑같기 때문이다.

5천5백 년에서 4천8백 년 사이의 이집트와 수메르에서는 이미 복잡한 구조의 우경과 쟁기를 끄는 소가 등장했다. 상나라 때의 마차는 그 정교함으로 말하자면 당시의 수레에 비해 이미 천년 이상은 앞섰다고 해도 전혀 이상한 말이 아니다.

상나라 때에는 이미 소를 이용하여 쟁기를 끌었다는 것도 전혀 문제될 것이 없다. 선진 시대 때의 문헌들에서 마차에 비해 우마차를 언급한 경우가 훨씬 적은데, 이로 인해 당시에 소가 끄는 수레가 적었다고 할 수는 없다. 소는 무거운 짐을 싣는 도구였지, 귀족들의 유희에 동원되는 것이 아니었기 때문이다. 문제의 초점은 바로 여기에 있다. 우마차는 마차에 비해 덜 웅장하고 속도도 빠르지 않기 때문에 귀족들의 문학 작품에 우마차에 대한 묘사가 드물었다.

▌4천4백 년 전의 고대 이집트의 벽화에 그려진 우경도(犂耕圖).

067 **돼지 시**

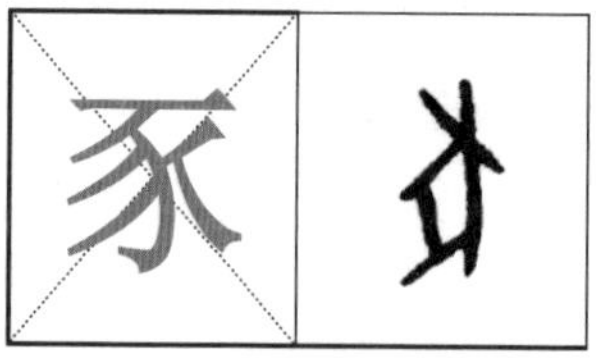

shi

상나라 때에는 제사를 지내면서 공물로 바칠 돼지를 어떤 종류로 할 것인지에 대해서도 점을 쳐 물었다. 가장 자주 보이는 글자가 시(豕)자❶인데, 이는 살찐 몸통과 짧은 발과 처진 꼬리를 가진 동물의 측면 모습을 그려냈다. 이것은 돼지의 일반적인 모습이다.

때로는 돼지의 등에는 거친 털이 그려지기도 해(🐗), 멧돼지와 비슷한 모습을 하기도 했다. 동물의 측면을 간단한 윤곽선으로 그렸지만 매우 비슷하게 그렸다. 사람들이 자주 접하는 가축 중에서 소와 양은 머리에 뿔이 있기 때문에 이러한 특징으로 소와 양을 그렸다. 가축 중 돼지와 개의 경우, 꼬리가 처진 모습으로 돼지를, 꼬리가 위로 치켜든 모습으로 개를 표현했다 (🐕).

❶

068

돼지 체

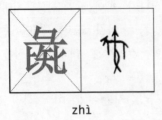

zhì

상나라 왕이 제사를 지낼 때 점을 쳐 물어본 희생으로 바칠 돼지에는 체(彘)자❶도 있었다. 이는 화살 하나가 돼지의 몸통을 관통한 모습이다. 필획이 단순해지면서 화살이 직선으로 변했다.

이 화살은 말할 필요도 없이 사냥꾼이 쏜 화살이며, 돼지는 사냥꾼이 겨냥한 목표물이다. 금문에서는 체(彘)가 잘 언급되지 않지만(桑, 桑) 몸통을 관통한 화살에 초점이 맞추어진 의도는 여전히 유지하고 있다. 그러나 소전체에 오면서(彘) 화살을 맞은 돼지의 형상이 이미 그렇게 명확하지 않게 되었다. 그래서 체(彘)를 형성구조로 오인하게 되었다.

『설문해자』에서 이렇게 풀이했다.

"체(彘)는 멧돼지를 말한다. 뒷발굽이 부러진 돼지를 체(彘)라 한다. 계(彑)가 의미부이고 2개의 비(匕)도 의미부이며, 시(矢)가 소리부이다. 체(彘)의 다리와 사슴(鹿)의 다리가 같은 모양이다."(彘, 豕也. 後蹏廢謂之彘. 从彑, 从二匕, 矢聲. 彘足與鹿足同.)

❶

게다가 체(彘)를 두고 뒷발굽이 부러진 돼지라고 했다. 돼지의 맛과 돼지의 뒷발굽이 성한지의 여부와는 전혀 관련이 없다. 게다가 그리 많지도 않은 뒷발굽이 부러진 돼지를 제사에 사용할 수도 없었을 것이다. 사람들이 집에서 키운 품종에 입맛이 길들여진 이후에는 간혹 야생 돼지를 맛보고 싶은 생각이 났을 것이다. 게다가 신령도 사람과 같이 생각한다고 여겼으니, 보통과는 다른 맛의 고기를 바쳐서 신을 기쁘게 하고자 했고, 신들이 그러한 종류의 고기를 좋아할 것인지의 여부를 점을 쳐 물어보았던 것이다.

　　이후에 사람들은 전력을 다해 농업을 발전시켰고, 멧돼지는 보기 드문 품종이 되고 말았다. 그래서 체(彘)자가 집에서 길들여진 돼지를 언급하는 데에도 사용되었다. 『맹자·양혜왕(梁惠王)』에 이런 언급이 있다. "계(雞: 닭), 돈(豚: 돼지), 구(狗: 개) 및 체(彘: 돼지) 등 가축을 기르는데 때를 놓치지 않으면 70명이 고기를 먹을 수 있다.(雞豚狗彘之畜, 無失其時, 七十者可以食肉矣)" 여기서 열거한 일반 대중들의 음식물로서의 체(彘)는 당연히 집에서 길들여진 품종을 말하지 뒷발굽이 부러진 돼지가 아니다.

069

발 얽은 돼지 걸음 축

chù

사람들은 가축을 장기간 우리에 가둬 키우는 방식으로 길들였다. 거세를 하고 나면 제멋대로 날뛰던 동물의 야생성이 크게 줄어들고 쉽게 길들일 수 있다는 사실을 인류가 언제부터 알았는지는 알 수 없다.

중국의 경우는 늦어도 3천 년 전의 상나라 때 거세 방법을 알았다. 그 뿐만 아니라 주로 돼지를 거세했는데 이는 고기의 형성 속도를 높이고 사육 시간을 단축함으로써, 사육비용을 줄여 사육의 경제적 가치를 크게 높여 주었다. 이렇게 거세된 돼지도 제사에 바치는 희생으로 갑골문에 자주 보인다. 갑골문에서 축(豕)자❶는 성기가 거세되어 몸통에서 분리된 동물의 이미지를 그렸다. 때로는 뚱뚱한 모습으로 그려져 있어 (**豸**), 그것이 돼지임에는 의심의 여지가 없다. 몸체 밖으로 그려진 조그만 필획은 바로 돼지의 생식기이다.

갑골문에는 또 **豸**나 **豸**와 같은 글자도 존재하는데, 이는 멧돼지의 생식기까지 그대로 그렸다. 이들은 수퇘지의 모습이긴 하지만 생식기를 거세하지 않는 품종이다. 이 글자는 나중에 형성구조인 가(豭)로 바뀌었다. 축(豕)자는 소전체에 이르러 자형에 변화가 일어나 이 작고 짧은 획이 몸통에 붙게 된다.

❶

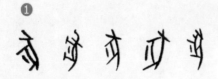

그래서 『설문해자』에서는 이렇게 설명하게 되었다. "축(豕)은 돼지의 발이 묶여 잘 걸어가지 못하다는 뜻이다. 두 발이 묶인 돼지의 모습을 그렸다.(豕, 豕絆足行, 豕豕也. 从豕繫二足.)" 허신은 돼지의 두 발이 묶여 있는 모습을 그렸다고 했다.

　　거세는 돼지 사육 산업에서 매우 중요한 기술이다. 상나라에서는 번식 품종으로 몇 마리의 수퇘지를 남기는 것 말고는 다른 수퇘지들은 모두 거세 과정을 거쳤다. 축(豕)은 거세를 거친 돼지 품종이다. 탁(琢)이나 탁(啄)처럼 축(豕)이 독음부호로 들어간 몇 개의 형성자들이 있지만, 이들 글자도 모두 '부수다'는 거세 행위와 관련된 의미를 갖고 있다. 물론 축(豕)으로 구성된 글자가 다 그러한 의미를 갖는 것은 아니다.

　　현대 사회에서 돼지 거세는 보통 출생 후 대략 2~6주 사이에 이루어진다. 상나라에서도 마찬가지였을 것이다. 8천 년 전의 증피암(甑皮岩) 유적지에서 발견된 돼지들은 모두 1살 반 정도 된 나이에 도살된 것들로, 거세한 정황을 분명히 반영했다. 지금도 돼지는 약 6개월이나 1년 반 정도 사육되다가 도축된다. 상나라에서도 돼지의 성장을 촉진하기 위해 거세 방법을 사용했기 때문에, 도축 연령이 증피암보다 더 빠르지는 않았을 것이다. 영보(靈寶)의 서파(西坡) 유적지에서 발굴된 2백여 마리의 집돼지의 연령을 보면 12개월에서 18개월 사이에 도축되었다. 상나라 때도 아마 이런 정도였을 것이다.

상나라 사람들은 멧돼지를 식용으로 사용했을 뿐 아니라 집돼지와 멧돼지를 교배하여 새로운 품종을 키워내기도 했다.

갑골문에서 혼(溷)자❷는 한 마리 혹은 여러 마리의 돼지가 우리나 지붕이 있는 돈사에서 사육되는 모습을 그렸다. 혼(溷)자의 자형 중에서 하나는 화살을 맞은 멧돼지 한 마리가 우리 속에 갇힌 모습을 하고 있다. 멧돼지를 길들이려는 의도가 있음을 분명히 보여주고 있다. 멧돼지는 소보다 몸집이 훨씬 작지만, 충동력이 강하고 굵고 날카로운 송곳니가 있어 사냥꾼에게 심각한 해를 입힐 수 있다. 그러나 멧돼지라도 일단 거세만 되면 성정은 온화해지고 충동도 크게 줄어들어 매우 위험하지는 않다. 그래서 『주역·대축(大畜)』에는 "돼지의 이빨이니, 길조가 들 것이다.(豶豬之牙, 吉.)"라는 말이 보인다. 이미 거세된 멧돼지는 날카로운 이빨을 가지고는 있지만 더 이상 사람들을 해칠 수 없으므로 위험이 없으니 길조라고 생각했던 것이다.

❷

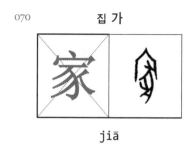

070 집 가

jiā

갑골문에서 가(家)자❶는 집에서 한 마리 혹은 여러 마리의 돼지를 키우는 모습을 그렸다. 이 글자는 구조가 매우 분명하여 금문에서부터❷ 소전체에 이르기까지 기본적인 변화가 일어나지 않았다.

그러나 『설문해자』의 해설은 좀 다르다. "가(家)는 거주하다는 뜻이다. 면(宀)이 의미부이고 가(豭)의 생략된 모습이 소리부이다. 가(宊)는 가(家)의 고문체이다.(宊, 居也. 从宀, 豭省聲. 宊, 古文家.)"

이는 가(家)의 진정한 창제의미를 이해하지 못한 결과이다. 가(家)는 평범한 사람들이 사는 곳으로, 귀족들의 저택이나 제사를 드리는 사원이 아니다. 그렇다면 이들과 '집'을 어떻게 구분해야 할까?

이는 그리 간단하게 생각해 낼 수 있는 문제가 아니다. 한자를 만든 사람들은 귀족들의 저택이나 제사를 드리는 사원에서는 볼 수 없고 일반인들의 집에서만 볼 수 있는 것을 찾아내야만 했다. 바로 이러한 개념으로 가(家)자를 만들었다.

❶

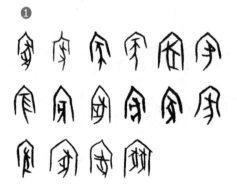

유적에서 발견된 동물 유골의 위치로 볼 때, 6천 년 전의 앙소 문화 시기에는 돼지, 소, 말, 양 등이 모두 동등한 대우를 받았으며, 같은 방식으로 야외에서 사육되었다. 앞에서 말했던 것처럼, 우리 속에서 사육된 소나 양을 그린 글자가 뢰(牢)인데, 통로가 좁게 설계된 울타리가 쳐진 노천 우리였다(🐑, 🐑). 말도 마찬가지였다.

갑골문에서 보이는 구(廏)자도 울타리가 쳐진 우리 속에서 말 한 마리가 사육되는 모습이다❸. 그러나 갑골문에서 돼지만 지붕의 처마 아래 그려졌다. 원래 돼지는 체온을 조절하는 기능이 불완전하다. 그래서 지나치게 차갑거나 너무 더운 환경을 피하기 위해 통풍이 잘되고 건조한 곳에서 키우는 것이 가장 좋다. 더운 여름에는 체온을 낮추기 위해 강한 햇빛을 피하기 위해 서늘한 곳이 필요하다. 또 감기는 특히 돼지 사망의 가장 큰 원인이다. 특히 돼지가 거세된 후에는 그에 따라 몸도 쇠약해져서 야외에서 비나 서리를 맞게 하는 것은 매우 불리한 일이었다. 그래서 적어도 상나라 이후로 돼지는 덮개가 있는 곳에서 키우게 되었다.

❷

이와 동시에 돼지와 인간은 모두 잡식성 동물로, 이들의 배설물은 좋은 유기질 비료가 된다. 사람들은 돼지를 자신이 사는 곳과 인접한 곳에 처마가 있는 곳에서 키웠다. 보통 화장실과 인접한 곳이었는데, 분뇨를 수집하는데 편리했기 때문이다. 그래서 화장실을 뜻하는 혼(溷)자를 한두 마리의 돼지가 우리나 경사진 지붕의 처마 밑에 놓인 모양으로 그렸던 것이다❹.

한나라 때의 무덤에 부장된 도기로 된 돼지우리의 모형을 보면 대부분 처마로 덮여 있으며, 소나 양 등처럼 울타리로 된 것은 거의 없었다. 게다가 돼지를 사육하는 장소도 사람들이 일상적으로 생활하는 곳과 조금만 떨어져 있었다. 이는 이 한자를 만들 당시, 돼지가 이미 처마가 있는 곳에서 사육되었으며, 사람들의 일상생활과 매우 근접해 있었음을 말해 준다. 그래서 돼지를 기르는 건물은 일반 사람들이 살던 집이었으며, 이런 방식으로 일반인들의 가정을 표현하는 것보다 더 적절한 방법은 없었을 것이다.

산해진미는 부유하고 귀한 사람들이 즐길 수 있는 진귀한 음식이다. 일반인들은 기껏해야 닭고기, 오리, 생선 고기를 먹었고 그것도 축제날이나 되어야 가능했다. 사람들이 평상시에 말하는 '육식'은 넓은 의미로 모든 종류의 가축이라고 말할 수 있지만, 대부분의 경우 실제로 돼지고기 한 종류만을 지칭한다. 나머지는 한 때 사육되어 사람들의 식탁에 제공되긴 했지만 여러 가지 이유로 점차 하나하나씩 식탁에서 사라졌다. 예를 들어, 소는 농경을 하는데 매우 유용하다. 양의 사육은 농업 개발과 충돌하며, 말은 군사 및 스포츠를 하는데 필요하다. 그리고 개는 몸집은 크지 않지만 집을 지켜주며 사람들의 애완동물로 동반자가 되었다. 돼지의 사육만 농업의 발전을 방해하지 않으며, 식사 제공의 경제적 가치도 줄곧 변하지 않았다. 그래서 돼지는 중국의 중부 평야와 남부와 같은 농업 지역에서 육류의 주요 공급원이 되었으며, 진(秦)과 한나라 이후 중국에서 가장 중요한 육류 공급원이 되었다.

071 돼지 돈

tún

상나라 때의 제사에서 돼지 희생물 중 돈(豚)자❶가 있다. 갑골문에서는 돼지 한 마리와 고깃덩어리 하나(夕)로 구성되었다. 돈(豚)자의 의미는 새끼돼지인데, 새끼돼지는 고기가 가장 부드럽고 맛이 있다. 그러나 아직 어린 단계의 돼지를 식용으로 쓴다는 것은 너무 낭비적이다.

그래서 자라서 고기가 많아지기를 기다려 가장 경제적일 때 도축한다. 중요한 때가 아닌 평상시라면 새끼돼지를 죽이지 않을 것이다. 금문에 들면서 사람의 손 하나가 더해진 것은❷, 이것이 가장 조심스럽게 돌보아야 할 단계라는 것을 표현하고 싶었던 것은 아닐까?

『설문해자』에서 이렇게 말했다. "돈(豚)은 어린 돼지를 말한다. 단(彖)의 생략된 모습으로 구성되었고, 상형이다. 손으로 고기를 쥐고서, 사당에 올려 제사지내는 모습이다. 돈(豚)으로 구성된 글자들은 모두 돈(豚)이 의미부이다. 돈(肠)은 전서체인데, 육(肉)과 시(豕)로 구성되었다.(豚, 小豕也. 从彖省, 象形. 从又持肉, 以給祠祀. 凡豚之屬皆从豚. 㹠, 篆文从肉豕.)"

❶

❷

허신은 더해진 이 손[又]을 두고 고기를 손에 들고 제사를 지낸다라고 설명했다. 이것은 돼지고기가 비싸서 제사를 지낼 때에만 사용되었다는 것을 보여준다. 소전체의 자형에서는 다시 갑골문에서처럼 시(豕)와 육(肉)이 결합한 구조로 돌아갔다. 이러한 모습은 한자가 진화하는 동안 가끔 발생하는 일이다. 그래서 해당 한자 자형의 시기를 정할 때 단지 문헌의 시대에 근거해서만은 안 되며, 다양한 표준을 참조해야 한다.

상과 주나라에서 제사에 쓰인 희생에는 등급이 정해져 있었다. 돼지는 소와 양보다 낮았다. 그러나 돼지고기는 의심할 여지없이 모든 사람들에게 가장 인기 있는 육류였다. 게다가 상나라 때 제공되었던 돼지에는 돈(豚), 시(豕), 체(彘), 축(豕) 등 다양한 이름이 등장하는 것으로 보아 돼지고기를 요리할 때 이미 다양한 요구가 있었음을 알 수 있다.

일부는 어린 돼지의 부드러운 고기를, 일부는 큰 돼지의 살찐 고기와 기름기 많은 고기를 취하기도 했다. 멧돼지는 씹어 보면 고기가 매우 딱딱하다. 다른 가축들에게는 이렇게 다양한 요리 종류를 볼 수 없다. 왜냐하면 그것들은 사람들이 일상적으로 먹거나 평범한 사람들이 먹는 것이 아니기 때문이었을 것이다. 『예기·대학(大學)』에는 "말을 타고 키우는 사람은 닭이나 돼지를 키울 줄 모른다.(畜馬乘不察於雞豚)"라는 말이 있다. 여기서 말한 돈(豚)은 새끼돼지를 나타내지 않고 일반적인 돼지를 가리킨다. 전국시대 이후로 닭과 돼지는 소시민들이 키워 이익을 창출하거나 부엌에서 쓸 요리를 충당할 대상으로 삼았다. 그러나 소와 양은 귀족들이 제사에 쓸 용도로 사육하고 있었다.

❷

㐌 㐌 㐌 㐌 㐌

▌장례에 사용된 옅은 녹색 유약을 바른 붉은 일용 도기의 다양한 모형.
각기 부엌의 화로, 맷돌 및 돼지우리. 돼지우리는 화장실 역할도 함께 하며 분뇨를
수집하는 데 편리했다. 최대 높이 16.5센티미터. 동한. 1세기 후반~3세기.

072 **말 마**

馬　(갑골문 형상)

mǎ

갑골문에서 마(馬)자❶는 긴 얼굴, 날리는 긴 갈기, 몸체와 키가 큰 동물의 형상을 그렸다. 말의 모양은 긴 얼굴과 긴 갈기가 특징이다. 그래서 전국시대의 한자에서는 마(馬)자를 때때로 이 두 가지 특징만으로 그리기도 했다(里). 금문의 자형❷은 이미 많이 변화했다.

『설문해자』에서 이렇게 말했다. "마(馬)는 '성을 잘 내는 동물이다. 또 '용맹스런 동물'이다. 말의 머리와 갈기와 꼬리와 네 발의 모습을 그렸다. 마(馬)로 구성된 글자들은 모두 마(馬)가 의미부이다. 마(彩)는 마(馬)의 고문체이다. 마(彩)는 마(馬)의 주문체인데, 마(影)와 같은데 긴 털이 있는 모습이다.(馬, 怒也. 武也. 象馬頭髦尾四足之形. 凡馬之屬皆从馬. 彩, 古文. 彩, 籒文馬與影同, 有髦)" 매우 정확하게 해석했는데, 마(馬)자에는 기다란 머리와 긴 갈기 및 질주하는 듯한 기백을 담은 네 개의 발이 그려졌다.

❶

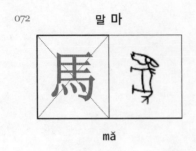

말은 키가 크고 작고의 차이는 있지만 일반적으로 대형 포유류 동물에 속한다. 말은 감각 기관이 발달하였고, 눈은 크고 높은 데 위치하여 시야가 넓다. 기억과 판단력은 매우 강하며 방향 감각도 극히 정확하다. 달리기에도 능숙하여 매우 유용한 동물이다.

　　하지만 말은 성격이 자유분방하여 길들이거나 통제하기가 어렵기 때문에 국내외를 막론하고 가장 나중에 길들여진 가축이다. 후기 신석기 유적지에서 돼지, 소, 양, 개 및 기타 가축들의 유골이 말보다 훨씬 많이 출토된 사실은 말이 희귀했음을 나타낸다. 중국의 전설에 따르면 4천2백 년 전의 하우(夏禹) 시대 때 이미 말을 사용하여 소가 끌던 수레를 대신하였다고 한다. 이 연대는 말을 집에서 길렀던 최초의 유적지인 산동성 장구(章邱)의 성자애(城子崖) 용산(龍山) 문화 유적과 연대가 비슷하다. 이 전설은 사람들이 말을 길들여 가축화한 시대가 늦다는 사실을 반영하고 있다. 이는 사람들이 말의 가죽과 고기를 원한 것이 아니라 마차를 끄는 힘으로 사용하고자 한 것이 주된 원인이 된다.

❷

문헌 기록으로부터 알 수 있듯, 상나라 이후로 말은 국가 간에 맹약 의식을 거행할 때 희생으로 사용되었다. 그러나 일반적인 제사의 희생 으로는 사용되지 않았다. 말은 음식으로 사용된 것이 아니라, 군사 및 귀족들의 사냥 목적에 사용되었다. 말은 수레를 끌고도 빠른 속도로 달 릴 수 있고 또 늙은 말은 길을 잘 인식할 수 있었다. 그래서 "늙은 말 이 길을 잘 안다.(老馬識途.)"는 속담이 생기게 되었다. 이 때문에 가시 밭길 속에서도 말은 사람들을 미로에서 벗어나게 해 준다. 익숙하지 않 은 숲속에 빠지는 것은 전쟁에서 흔히 일어나는 일이다. 그래서 통치자 들이 말의 사육을 중시하였던 것이다.

갑골 복사를 통해, 마(馬)가 군대의 편제 단위였다는 사실을 알 수 있다. 그러나 그것이 말을 사용하여 전투에 참여한 것인지, 아니면 마차 높이를 이용하여 지휘소로 사용했던 것인지는 여전히 알 수 없다. 상나 라에서 중앙 정부에 말을 관리하는 관리 즉 마관(馬官)을 설치했을 뿐만 아니라 주변의 다른 나라에서도 자신들만의 마관(馬官)을 설치해 말의 사육과 훈련 등을 관리했다.

❸

또 이들 주변국에서 말을 공납으로 바쳐 올 것인지를 점복으로 물은 내용도 자주 보인다. 갑골문에는 이미 마(馬)를 의미부로 삼는 형성자가 15개나 발견된다❸. 이는 다른 가축들을 기초로 해서 만든 글자들보다 훨씬 많은 숫자이다. 이 글자들은 개별적인 말의 이름들인데, 상나라 왕은 이들 중 어떤 말을 가지고 마차를 끌게 할 것인지를 점쳐 물은 경우도 있다. 이는 상나라 왕이 개별 말에 이름을 지어 주었을 정도로 말을 아꼈다는 것을 알려준다. 당시에는 말이 마차를 끄는 짐승에 한정된 것이 아니라 하나의 애완동물로 간주되었음을 볼 수 있다.

상나라 때의 도로는 후대만큼 똑바르지도 않았고 그렇게 많이 건설되지도 않았다. 게다가 사람들이 타는 차상이 지면에서 약 70~80센티미터 높이 정도로 높게 설치되는 바람에 무게 중심이 매우 불안정했다.

그래서 빨리 달리면 전복되기가 쉬웠다. 실제 갑골문 기록에는 상나라 무정(武丁) 임금 때 발생했던 두 번의 전복사고를 기록하고 있다. 이렇듯 마차를 타는 것이 위험이 없는 것이 아니었다. 이러한 상황은 춘추시대까지도 개선되지 않았다. 『좌전』에서는 정(鄭)나라의 자산(子産)이 말이 끄는 마차를 가지고 정치의 도리를 비유적으로 설명한 예가 소개되어 있다. 이렇게 말했다.

> 마차 위에서 사냥을 하는데 그 일에 종사했던 사람과 훈련을 받은 사람이어야만 마차가 빨리 달려도 그 진동에 익숙해질 수 있다. 그렇지 않으면 두려워하여 마차에서 떨어져 죽을 수 있으니, 어느 시간에 짐승을 쏠 생각을 할 수 있겠는가?

일부 학자들은 이 때문에 마차가 상나라에서는 여행과 메시지를 보내고 명령을 전달하기 위한 용도로만 사용되었지 고속으로 적진을 돌진해 갈 때 마차에서 공격 명령을 내리는 용도로는 쓰이지 않았다고 주장하기도 한다.

아무 말이나 마차를 끌고 빠른 속도로 달릴 수 있는 게 아니다. 반드시 장기간의 훈련을 받고 그중에서도 훌륭한 종자를 선택해야만 가능한 일이다. 어떤 경우에는 심지어 말의 기질을 안정시키거나 서로 걷어차지 않도록 하기 위해, 또 불안정한 습성을 제거하여 제멋대로 달리지 않도록 하기 위해 거세를 하기도 했다. 게다가 좋은 말로 길들이는 것은 평범한 일반인들의 재력으로 감당할 수 있는 것도 아니었다. 그래서 한나라의 무제(武帝)는 말의 번식을 위한 정책수립을 장려했으며, 말 한 마리를 잘 길들이면 세 사람의 병역을 면제해 주도록 했다. 그리고 『한서·무제기(武帝紀)』에는 수컷 말 한 마리의 가격이 무려 20만 전(錢)이나 된다고 기록했다. 그래서 예부터 말과 마차는 권세 있고 권력을 가진 자들의 소중한 자산이자 지위의 상징이 되었다.

말과 말을 타는 기사 혹은 마차를 모는 사람은 서로가 교감이 잘 이루어져야 한다. 특히 혼자 말을 탈 경우에는 더더구나 교감이 잘 이루어져야만 최대의 효과를 발휘할 수 있다. 말은 사람의 기분을 잘 감지할 수 있다. 말을 타는 사람이 주저하고 두려워한다면 말도 큰 영향을 받아 복종하지 않게 된다. 그래서 귀족들은 말의 훈련과 사육에 주의를 기울였고, 말과 자주 가까워지거나 심지어 말을 직접 목욕시키고 먼지를 제거하면서 말과 상호 교감해야만 했다. 말을 기르는 마음이 식용이나 짐을 실어 나르는 용도로 쓰인 다른 가축을 기르는 것과는 완전히 달랐기 때문에 말은 귀족들의 애완동물이 되었다. 『사기·활계열전(滑稽列傳)』에는 초나라 장왕(莊王)의 특별한 말 사랑에 대해 기록하였다. 그는 수를 놓은 고급 옷으로 말을 덮어주고, 화려한 집에서 키웠으며, 하늘을 볼 수 있는 침상을 설치하고, 대추를 섞은 육포를 먹였다. 그러나 결과는 말이 너무 뚱뚱해져서 병으로 죽고 말았다고 한다. 그러자 여러 신하들을 동원해 말을 위해 성대한 의식을 거행하여 애도하게 했고, 대부가 쓰는 관을 사용하여 사랑하던 말을 땅에 묻었다고 한다.

서주 때에는 코끼리를 훈련시켜 춤을 추게 했다는 기록이 있는데, 말을 춤추게 하는 훈련도 있었을 것이다. 당나라 때에는 이러한 풍조가 매우 유행했었다. 당나라 때의 역사서에는 당 현종(玄宗)이 말이 춤추는 모습을 대단히 좋아하여 황실의 정원에 무려 백여 마리의 말을 키웠다고 기록했다. 뿐만 아니라 현종이 직접 말을 훈련시켰다고도 했다. 당시 재상이었던 장열(張說)은 「무마천추만세악부사(舞馬千秋萬歲樂府詞, 춤추는 말이 오랫동안 장수하기를 비는 악부사)」 3수를 지어 이들의 장수를 빌었다고 한다. 두 번째 시에서는 말이 춤추며 벌이는 공연을 매우 생동감 있게 노래했다.

> "성황의 지극한 덕은 하늘과 나란히 하시었고,
> 하늘에서 내려온 말은 서해로부터 예의를 갖추네.
> 팔 다리 천천히 움직이더니 두 무릎을 꿇고 앉아,
> 키 큰 여러 말들 앞으로 나가지 않고 천 개의 말굽을 밟네.
> 긴 갈기가 일어나 날릴 때 웅크리고 앉았더니,
> 성난 북소리에 머리와 몸을 쳐들어 위로 날아오르네.
> 술잔은 돌고 돌아 연회 마치려는 음악 소리에,
> 술에 취한 진흙처럼 머리를 늘어트리고 꼬리를 흔드네."
> 聖皇至德與天齊,
> 天馬來儀自海西.
> 腕足徐行拜兩膝,
> 繁驕不進踏千蹄.
> 髫鬃奮鬣時蹲踏,
> 鼓怒驤身忽上蹄.
> 更有銜杯終宴曲,
> 垂頭掉尾醉如泥.

무릎을 꿇고 절을 하며, 그 자리에서 답보하고, 몸을 일으켜 발길을 걷어차는 모습이 마치 현대 올림픽 승마게임에서의 마술마장 대회를 보는 듯하다. 더욱이 노래가 끝날 무렵에는 춤추던 말이 입으로 바닥에 있던 술잔을 물고 술을 권하고, 머리를 숙이고 진흙과 같은 땅에 늘어진 동작이 술에 취한 듯하다. 이러한 공연은 모두 여유가 있고 돈 있는 한가한 귀족들이 즐겼으며, 말을 애완동물로 삼아 유흥으로 즐겼다. 이런 장면을 보지 못한 사람들은 말을 요괴라고 여겼을 것이다. 안사(安史)의 난 이후, 일부 춤추는 말이 궁전 밖으로 떠돌게 되었다. 말이 음악 소리를 듣자마자 박자에 맞춰 춤을 추자 이상하다고 생각한 사람들이 그 말들을 채찍으로 때렸다. 그러자 말은 춤을 잘 못 춰서 벌을 받는다고 생각하고서는 더 열심히 춤을 추다 결국은 죽고 말았다고 한다.

▍춤추는 말의 무늬가 그려진 가죽 주머니 모양의 금으로 도금된
은주전자. 높이 18.5센티미터. 당나라. 618~907년.

일반적으로 말해서, 직접 말을 타는 것이 마차에 앉아 있는 것보다 훨씬 더 자유롭게 행동할 수 있는데, 조금 늦게 이렇게 했었다고 볼 수 있다. 『사기·조세가(趙世家)』에는 조(趙)나라 무령왕(武靈王)이 기원전 307년에 유목민의 침략에 맞서기 위해 호복을 입고 말을 타고 활을 쏘았다는 기록이 있는데, 이것이 중국에서 기마의 시작으로 알려져 있다.

그러나 사실은 절강성 여항(餘杭)에서 발견된 약 4~5천 년 전의 양저(良渚) 문화 유적지에서 출토된 옥으로 만든 부월과 옥으로 만든 종(琮)에 동일한 무늬가 새겨져 있었다. 위쪽 절반은 깃털 모자를 쓴 신의 초상화이며, 아래쪽 절반은 아래 그림과 같이 큰 눈을 가진 짐승의 모습이다. 머리에 깃털 모자를 쓴 신인이 두 손으로 짐승의 머리를 눌리고 있는데, 마치 무엇인가를 타는 것처럼 보인다. 짐승을 타는 도안은 초기 사회에서 영혼을 천국으로 옮긴다는 의미를 가질 수 있다. 그 당시의 사람들은 분명 동물의 등에 올라타는 경험을 갖고 있었을 것이며, 그랬어야만 이러한 무늬가 나올 수 있다.

갑골문에는 또 와 같은 글자가 있는데, 한 사람이 두 발을 벌려 어떤 동물의 등에 올라타는 모습이다. 한자의 변화 추세에 의하면, 빈 공간은 의미 없는 기호로 채워야 했는데, 구(口)가 그중 하나이다. 그래서 이 글자는 소전체에서의 기(奇)자가 된다. 『설문해자』에서는 이렇게 말했다. "기(奇)는 특이하다는 뜻이다. 달리 짝을 이루지 못하다는 뜻이라고도 한다. 대(大)로 구성되었고, 또 가(可)로 구성되었다.(奇, 異也. 一曰 不耦. 从大, 从可.)"

허신은 나중에 등장한 자형에 근거해 분석했기 때문에 기(奇)자가 기마(騎馬)의 기술과 관련된 글자라는 것을 알 수가 없었다. 상나라 때의 정황으로 추론하자면, 기마는 한 마리 말에만 앉을 수 있으며, 마차처럼 두 마리나 네 마리의 말이 끌 수 없다. 그래서 기마의 의미로부터 '단수'라는 의미가 나왔다. 그러자 원래의 의미와 구분하기 위해 기(奇)자의 옆에다 마(馬)자를 더하여 기(騎)자가 되었다.

❹

▌도금을 한 청동 말. 길이 76센티미터, 높이 62센티미터, 섬서성 무릉(茂陵)에서 출토 중앙아시아의 천마(天馬) 모형. 서한 시대. 기원전 206~25년.

073 개 견

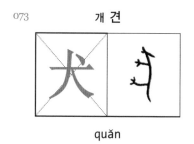

quǎn

개는 1만 년 동안 인류에게 가장 가까운 가축이었다. 장기간의 사육을 거치면서 개는 다른 요구와 목적에 따라 특정한 방면에서 개성과 특성을 발전시켜 가축에서 가장 복잡한 품종이 되었다.

그리고 육식, 사냥, 보호, 정찰, 양 기르기, 공연, 달리기, 소리 안내, 썰매 끌기, 감상 등을 위한 특별한 품종으로 전문화하여 사육되었다. 개는 크기와 외형이 매우 다양할 뿐만 아니라 가치도 엄청난 차이가 난다.

고고학적 증거에 따르면, 인류에 의해 길들여진 최초의 가축은 1만1천 년의 역사를 가진 양이다. 하지만 개의 습관으로 추론해 볼 때 개의 가축화도 매우 일찍부터 시작되었으며 심지어 양에 뒤쳐지지 않는다고 생각된다. 적어도 석기시대의 후기에는 이미 길들여졌을 것이다. 개를 지칭하는 초기 글자는 견(犬)이었는데, 갑골문에서 견(犬)자❶는 개의 측면 이미지를 그렸다. 견(犬)과 시(豕)자의 중요한 차이는 가느다란 몸과 위로 치켜 올린 꼬리에 있다. 금문에서는 거의 언급이 없어 자형이 많지 않지만(🐾, 🐕) 여전히 매우 사실적인 형상을 유지하고 있었다. 그러나 소전체에 이르러서는 발 하나가 생략되었고 머리의 형상도 약간 변경되어 인식하기가 더 어려워졌다.

❶

『설문해자』에서 이렇게 해설했다.

> "견(犬), 현제(縣蹏: 사이가 뜬 발굽)를 가진 개를 말한다. 상형이다.
> 공자께서 이렇게 말했다. '견(犬)자를 보면 마치 진짜 개를 그린 것
> 처럼 보인다.' 견(犬)자로 구성된 글자들은 모두 견(犬)이 의미부이다."
>
> (𤝖, 狗之有縣蹏者也. 象形. 孔子曰: 視犬之字如畫狗也. 凡犬之屬皆
> 从犬.)

허신은 개가 상형 문자라는 것은 알고 있었지만, 각각의 필획이 어
떤 형상을 표현한 것인지에 대해서는 구체적으로 설명하지 않았다. 개
는 몸집이 크지 않은 동물이고, 생장 속도가 느려, 다른 대형 사냥감과
비교할 때 육류 및 모피의 공급 등 가치가 훨씬 낮다. 개가 매우 일찍
부터 길들여진 이유는 분명 육류 공급 이외의 다른 특별한 조건이 있었
을 것이다. 그렇지 않다면 사람들이 스스로 그런 번거로운 일을 할 필
요가 없었을 것이다. 온 정성을 다해 먹이를 주고 키우는 과정에서 개
의 야성은 변화되었다.

개는 환경에 매우 잘 적응하는 동물이며 강한 턱과 날카로운 이빨,
잘 달릴 수 있는 다리를 갖고 있다. 여기에다 냄새와 소리에 예민한 후
각과 청각을 갖추어, 작은 동물을 쫓고 사냥하는 데 적합한 동물이다.
이러한 장점들은 초기 단계에서 수렵채집을 위주로 생활하던 인간들에
게 매우 유용했다. 개가 사냥을 돕는 기능을 갖고 있었기 때문에 사냥
꾼이 개를 받아들였던 것이다. 그래서 개는 농경사회에 적합한 돼지보
다 더 먼저 길들여졌을 것으로 추정된다. 실제로 돼지가 7천8백 년 이상
되는 사육의 역사를 갖고 있기 때문에 개는 농경이 시작되기 전, 적어
도 기원전 7~8천 년 전에는 이미 사육되기 시작했다.

개는 야생 늑대에게서부터 길들여졌을 것이다. 그러나 개는 혼자 사냥할 수 있는 능력에 한계가 있어, 큰 야수와 경쟁해서 사냥하기에는 어려움이 뒤따라, 그로 인해 자주 굶어죽기도 했다. 그래서 사람이 사는 주위를 맴돌며 사람들이 먹고 버린 껍데기, 뼈, 고기 등을 먹기에 이르렀다. 사람들은 이미 그들과의 친근한 생활에 익숙해져 있었고, 또 생활에 별다른 부담을 주지 않았기 때문에 온순한 개는 사람 손에 남겨지게 되었다. 서로의 협력과 선택을 거치면서 개는 원래 갖고 있던 야성을 잃어버리고 점차 가축으로 변해 갔으며, 토끼와 같은 잘 도망치고 잘 숨는 작은 동물의 사냥을 도왔다. 개는 이런 식으로 길들여진 이후 체형도 서서히 변하게 되었다. 집개와 야생 늑대의 주요 차이점은 꼬리가 말려 올라가 있다는 점에 있다.

따라서 갑골문에서 견(犬)자는 꼬리가 위로 말려 올라간 모습으로 표현되었다. 일부 소수만 몸통이 가늘고 길며 꼬리가 아래로 늘어져 있다. 꼬리가 아래로 쳐졌다 하더라도 뚱뚱한 돼지를 그린 시(豕)와는 잘 구분된다.

074 　짐승 수

shòu

075 　냄새 취

chòu

인류는 자신의 육체적 결함을 보완하기 위해 도구를 사용할 수 있다. 그리하여 거대한 맹수도 인간의 손을 벗어나지 못하는 운명이 되었다. 하지만 짐승들은 깊이 몸을 숨김으로써 사람들의 수색과 죽임을 당하는 액운을 피할 수 있다. 개는 바로 이런 부분에서 인간을 도울 수 있었다. 개는 냄새를 맡는 후각에서 천부적인 특이한 능력을 가졌다. 짐승이 남긴 피, 땀, 소변, 대변 등과 같은 냄새로 그것이 어떤 짐승인지를 구분하고, 이들을 추적하고 도망치도록 유도하여 사람들이 포획하거나 사살할 수 있도록 도와준다. 그래서 갑골문에서의 수(獸)자❶는 일망타진할 때 쓰는 사냥 그물(ϒ)과 한 마리의 개(ζ)의 결합으로 표현되었다. 그물과 개는 모두 사냥에 필요한 도구였기에, 이로써 '사냥하다'는 의미를 표현했다.

❶

나중에는 사냥의 대상인 '짐승'으로까지 그 의미가 확장되었다. 수(獸)자의 왼쪽부분은 손잡이가 달린 야외용 그물인데 고도로 단순화된 모습이다. 야외용 그물은 살아있는 짐승을 포획하도록 설계되었으며, 그 물위의 달린 포크처럼 생긴 부분은 살아있는 짐승을 눌러 움직일 수 없게 하기 위한 것인데, 구멍이 나는 등 손상 없이 확보한 털은 좋은 가격에 팔 수 있었다. 이후에 자형은 더욱 정확하게 표현되었다. 즉 앞쪽 끝부분의 원은 짐승에게 해를 입히지 않기 위한 장치이며, 포크처럼 갈라진 부분의 아래에 마찬가지로 그물이 그려져 있다. 그물로 덮여 잡힌 짐승은 발버둥치기가 더욱 어렵다. 금문에서의 자형❷은 이러한 복잡한 자형의 연속물이라 하겠다. 야외용 그물의 곧게 생긴 손잡이 아래쪽 끝에다 땅에 꽂을 수 있는 창고달[鐏]의 형상이 추가되는 바람에 사람들이 글자의 전체 모습을 잘 이해하지 못하였다.

그래서 『설문해자』에서도 이렇게 설명했다. "수(獸)는 사냥으로 잡을 수 있는 짐승을 말한다. 달리 다리가 둘 달린 것을 금(禽), 넷 달린 것을 수(嘼)라고 하기도 한다. 수(嘼)로 구성되었고 또 견(犬)으로 구성되었다. (獸, 守備者也. 一曰, 兩足曰禽, 四足曰嘼. 从嘼, 从犬)" 허신은 자형의 왼쪽에 있는 수(嘼)와 오른쪽에 있는 견(犬)의 관계에 대해서는 따로 설명하지 않았다.

❷

수(嘼)자에 대해서는 『설문해자』에서 또 이렇게 해설했다. "수(嘼)는 가축을 말한다. 귀와 머리와 땅을 밟은 발의 모습을 형상했다. 고문체로 된 수(嘼)는 아랫부분이 구(厹)로 구성되었다. 수(嘼)로 구성된 글자들은 모두 수(嘼)가 의미부이다.(嘼, 㹌也. 象耳頭足厹地之形. 古文嘼, 下从厹. 凡嘼之屬皆从嘼.)"

허신은 여기서 수(嘼)를 짐승의 모양을 그린 것으로 오인했다. 그러나 이 글자의 갑골문 자형으로 거슬러 올라가보면 수(嘼, 嘼)가 원래는 수렵용 그물의 형상임을 알 수 있다. 이후에 '야수'라는 확장된 의미가 보다 일반적으로 사용되었고, 그러자 '사냥을 하다'는 수(獸)자의 의미는 형성구조로 된 수(狩)를 사용하게 되었다.

갑골문에서 취(臭)자❸의 원래 의미는 이후의 후(嗅) 즉 '냄새를 맡다'였는데 견(犬)과 자(自)의 결합❹으로 그 의미를 표현했다. 자(自)는 사람의 코를 그린 것이고, 코는 냄새를 관리하는 후각 기관이다. 이러한 구조는 지금까지 알려진 모든 동물 중에서 개의 후각이 가장 뛰어나다는 사람들의 완전한 이해를 반영했다. 그래서 개를 선택해 맛을 구별하는 후각을 표현하게 되었다. 취(臭)의 원래 의미는 사람들이 좋아하거나 싫어하는 '맛'을 말했는데, 이후에 불쾌한 맛을 표현하는 데 사용되었고, 그러자 의미부 구(口)가 다시 더해져 후(嗅)가 되었으며, 취(臭)와 서로 구분해 사용했다.

그릇 기

器

qì

개의 예리한 후각은 짐승의 탐지에 국한되지 않고 적의 흔적을 찾는데도 큰 역할을 했다. 그래서 귀족들이 군사적인 정탐이나 도망자를 추적하는 데 빠르게 활용되었다.

상나라 때에는 상나라는 물론 주변 국가 모두에 견관(犬官)이라는 관리가 설치되었다. 이는 사냥을 위한 짐승의 출현을 보고하는 것 외에도 원정대를 따라 군사 작전을 수행했다. 특히 한밤중에는 사람들을 대신해 예상치 못한 적의 침범 징후를 탐지하는 임무를 수행하였다.

금문에서 기(器)자❶는 견(犬)과 4개의 구(口)가 조합된 모습이다. 『설문해자』에서는 "기(器)는 그릇을 말한다. 기물의 아가리와 그것을 개가 지키는 모습을 그렸다.(器, 皿也. 象器之口, 犬所以守之)"라고 풀이했다. 즉 개가 많은 기물을 지키고 있다는 것으로 해석했다. 물론 이런 해설을 받아들일 수도 있지만, 이 글자에서 개가 하고 있는 역할에 대해서는 더 적절한 해석이 필요해 보인다.

❶

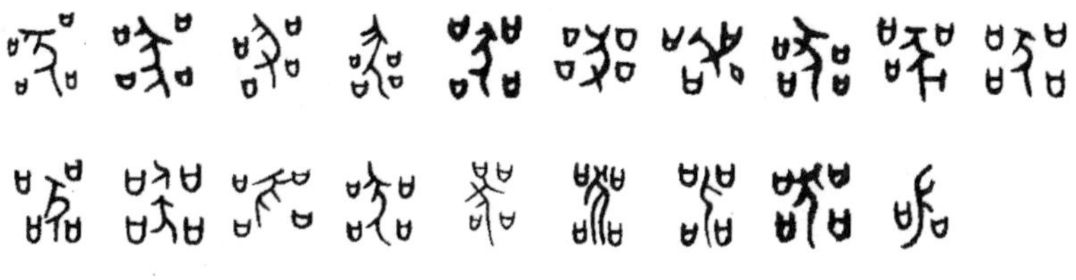

器 器 器 器 器 器 器 器 器

器 器 器 器 器 器 器 器 器

부를 지키는 것은 많은 사람들이 할 수 있는 일이지만 개의 후각 능력은 사람과 비교할 수 없이 뛰어나다. 개는 원래 사냥에 잘 활용할 수 있기 때문에 사냥꾼들에 의해 받아들여진 동물이다. 그러나 농업이 점차 발전하고 사냥이 점점 삶의 중요한 부분에서 벗어나고 있을 때, 개의 예리한 후각 능력은 농부들에게 집을 지키는 용도로 새롭게 전환된다. 게다가 개는 좋은 미덕을 가지고 있다. 개는 용감하고, 강인하며, 인내심이 강하고, 충성스럽고, 근면하며, 현명하고, 경계심이 높다. 그래서 주인의 미묘하고 다양한 움직임과 음성 명령을 잘 파악하며, 심지어는 주인이 좋아하는 것과 싫어하는 것까지 판단할 수 있다. 이 때문에 사람들은 개에게 집을 지키게 했다. 특히 야밤에 사람들이 쉬어야 할 때 개는 먼 곳에서 나는 냄새를 맡아 낯선 사람의 침입을 알아내고, 연속된 울부짖음으로써 주인에게 이러한 사실을 알렸다.

그래서 기(器)자에 든 4개의 구(口)는 연속적인 개의 울음소리일 가능성이 크다. 즉, 기(器)는 기물 옆에서 묵묵히 곁을 지키는 모습이 아니라, 네 마리의 개가 함께 짖어 주인에게 알리는 의미를 담았다고 생각된다. 개는 환영받지 못하는 사람을 쫓아낼 수 있기 때문에, 이후 사람들이 이를 권세나 이익에 취해 낮은 위치나 빈곤한 이들을 괴롭히는 못난 사람을 조롱하는 말로도 사용했다.

상나라 때, 대형 건물의 기공식에서 대문의 옆에 개를 묻어둔 것은 개가 대문을 지킨다는 것의 구체적 표현이었다. 아니면 개가 사람들의 놀이친구이자 애완동물이었기 때문일 수도 있다. 상나라 때 대다수의 무덤에서 개를 사람 시체의 허리 아래 판 구덩이에 묻거나, 혹은 땅속에 묻거나 아니면 2층으로 된 기단에 묻어 둔 것은 지하 세계에서도 영원히 주인을 함께 모시도록 한 것이다. 가까운 신하나 무사, 그리고 노복들보다 더 가까이 주인의 곁에 묻혔다. 이러한 관행은 주나라에서 서서히 사라졌으며, 대략 서주의 중엽 이후로는 개를 함께 묻는 관습은 보이지 않는다.

개는 사람들에게 음식을 제공할 목적으로 길들여진 것이 아니지만, 필요할 경우 사람들은 이 부분에 대한 가능성도 무시하지 않았다. 『맹자양혜왕(梁惠王)』에서 이상적인 왕의 정치를 논하면서 모든 것이 순조롭다면 70살 넘은 노인들이 고기를 먹을 수 있을 것이라고 설파했다. 고기가 이 정도로 부족하다면 가능한 자원을 최대한 활용하는 건 당연하다. 그래서 "나는 새를 다 잡고 나면 좋은 활은 감추어지고, 교활한 토끼가 죽고 나면 사냥한 개를 삶아 먹는다."라는 말이 생겼다. 상나라에서 개는 소, 양, 돼지에 다음 가는 희생 동물이었고, 한나라에 들어서는 일반인들이 즐겨 먹는 가축이 되었다. 개가 제사에서 갖는 중요성이 떨어진 것은 크기가 작았기 때문일 것이다. 그래서 순위가 소, 양, 돼지의 뒤에 놓였던 것이다.

위진(魏晉) 시대 이후로, 중국의 절대 다수 지역에서 점차 개고기를 먹는 습관이 사라졌다. 그렇게 된 주된 이유는 추측하기 쉽지 않지만 다음의 몇 가지 포인트가 있다. 첫째, 개는 제사에 쓰는 중요한 희생이 아니었기 때문에 일반인들이 축제 때나 먹을 수 있었기 때문이다. 즉 제사에 쓰던 중요한 희생이 아니었기 때문에 개고기를 먹을 수 있는 기회가 적었다. 둘째, 개는 사람들의 충성스러운 동반자가 되어 깊은 감정을 갖게 되었기 때문이다. 자신이 키운 충실한 애완동물을 죽인다는 것을 차마 참지 못했을 것이다. 셋째, 고대사회에서는 시장이 적었고 개는 성장 속도가 느린데다 사육비용이 아무데나 풀어놓아도 먹이를 찾아 먹는 닭이나 오리를 비롯해 빨리 자라는 돼지보다 훨씬 높아, 개를 기르려는 의지가 자연스럽게 줄어들었기 때문이다. 도살되는 양이 적으면 시장에서 팔리는 것도 적어지면서, 자연스레 개고기를 먹는 데도 익숙하지 않게 된 것이다.

077 엎드릴 복

伏 　　仝

fú

갑골문에서는 아직 복(伏)자가 등장하지 않는다. 금문(仝)에서도 한 번만 등장하는데, 개 한마리가 사람의 하반신 쪽에 누워있는 모습이다. 이는 자주 볼 수 있는 모습으로, 개가 주인의 발아래에 엎드려 누워있는 모습이다.

이후의 자형에서는 점차 상자 모양의 네모꼴로 변화했다. 소전체의 자형을 보면 개의 위치가 사람과 같은 높이로 이동해 좌우구조가 되었다.

『설문해자』에서 이렇게 말했다. "복(伏)은 시중들다는 뜻이다. 인(人)과 견(犬)으로 구성되었다. 견(犬)은 사람을 시중드는 동물이다.(伏, 司也. 从人, 犬. 犬, 司人也.)"

이에 대해 청나라 단옥재(段玉裁)의 『설문주』에서는 "견사인(犬司人)은 개(犬)가 사람을 시중들며 짖어 대다는 뜻이다. 이는 이 글자가 회의자임을 말해준다."라고 했다.

짖어서 주인에게 관련 정보를 잘 알리는 개의 특성을 정확하게 설명했다. 그래서 기(器)자의 창제의미를 추론해 볼 때, 개가 연속해서 짖어야만 기물처럼의 유용성을 가진다는 설명이 더 생생하다 생각한다.

후기

　『유래를 품은 한자』의 제1권 '동물편'에서는 야생 동물 및 가축과 관련된 한자들을 소개했다. 대부분이 상형자로, 동물의 외적인 모습 또는 사육 상황에 대해 설명했다. 초기 한자는 그림과 같은 성질이 매우 강해 해당 동물의 형상이 수천 년이 지났는데도 별로 변하지 않았다. 그래서 해당 한자가 표현한 형상과 의미를 쉽게 인식할 수 있다.

　제2권은 '전쟁과 형벌편'이다. 여기서 언급된 한자 중에서 무기와 관련된 형상이 일부 있다. 상형자이긴 하지만 오늘날 이미 이런 무기를 사용하지 않기 때문에 어떤 때에는 이들 무기를 이해하지 못하는 경우가 있고 한눈에 인식해내지 못하는 경우도 있다. 이 주제와 관련된 한자는 대부분 회의자이지만 개별 무기의 용도, 효과 또는 사용 시기 등을 활용하여 추상적 의미를 표현했다. 그래서 이 글자들의 창제의미를 이해하기가 상당히 어렵다. 글자의 창제의미를 이해하게 되면 고대 사람들의 삶에 대한 일부 세부적인 사항도 이해하게 된다. 그래서 고대 한자는 고대사회를 탐험하는 중요한 매개이며, 책에 기록되지 않은 일부 사소한 내용까지 반영할 수 있다. 필자가 출판했던 『고대 중국 사회』(대만 상무인서관, 2013)의 제17장 '전쟁'에 관한 내용이 제2권의 주요 기초가 되었다. 그러나 『유래를 품은 한자』 시리즈의 제2권에서는 더 많은 관련 글자를 소개하고 더 많은 내용에 대해 논의했다.

제2권은 크게 세 부분으로 나뉜다. 첫 번째는 실제 전투와 의식에 사용되던 무기와 자기 방어 장비들이다. 두 번째는 군대의 설립, 조직 및 훈련에 관한 글자들이다. 세 번째는 전쟁의 약탈과 범죄에 대한 처벌과 관련된 글자들이다. 전쟁은 인류 문명을 한 단계 발전시킨 중요한 요소이다. 즉, 무기를 개선시켜 도구의 발전에 영향을 미치고, 이로써 생산성이 향상되면 사회가 변화되기 때문이다. 군사의 관리도 엄격하게 인력을 통제함으로써 거대한 정부 조직인 중앙 통제의 왕권을 건립할 수 있다. 전쟁은 고대 국가의 가장 중요한 문제였을 뿐만 아니라 모든 사람의 일상생활과 관련되었기 때문에 그와 관련된 많은 회의 문자들이 만들어졌다. 전쟁과 관련된 이러한 글자들을 통해 고대사회에 대한 내용을 더욱 자세하게 파악할 수 있을 것이다.

역자 후기

    1986년 겨울로 기억된다. 벌써 아련한 35년 전의 일이다. 허진웅 교수님께서 캐나다에서 오랜 외유 끝에 잠시 대만으로 돌아오셔서 갑골문 강의를 하신다는 소식을 대만대학의 친구로부터 들었다. 그때 대만대학으로 가서 선생님의 강의를 방청한 것이 처음으로 뵌 인연이다.

    처음에 놀란 것은 학문에 대한 선생님의 성실함과 과학적 접근과 분석이었다. 우리에게 강의를 해 주시면서 당시에 나온 갑골문 등에 관한 학술 논문들을 한 편 한 편 컴퓨터 파일로 정리하여 나누어 주셨다. 각 편의 논문마다 해당 논문의 기본 정보, 내용 요약, 문제점, 해결 방안, 참고문헌 등을 기록한 파일을 출력하신 것이었다. 그때만 해도 개인 컴퓨터가 막 보급되기 시작하였고, 다른 사람들은 필사하거나 자료를 잘라 붙인 카드나 노트 등으로 자료를 정리하고 연구하던 시절이라 도트 프린트로 인쇄된 선생님의 자료들은 신선한 충격이 아닐 수 없었다. 게다가 당시로서는 보기 어려웠던 서구의 자료들은 물론 대륙의 다양한 자료들까지 포함하고 있었다. 당시는 대륙의 자료들이 마치 우리들에게서 북한자료인 것처럼 열람이 제한되어 있었다. 이들 자료를 보려면 대만국가도서관의 중국학센터[漢學中心]나 국립정치대학 동아시아연구소에 가서 허락을 득한 후 복사도 불가한 상태에서 손으로 베껴 써야만 했던 때였다. 그랬으니 그 충격과 감격은 가히 헤아릴 수 있으리라.

선생님께서는 캐나다 온타리오 박물관에서 멘지스 소장 갑골문을 손수 정리하시면서 체득한 여러 노하우들도 알려주셨는데, 그 과정에서 발견한 갑골을 지지기 위해 홈을 파둔 찬과 조의 형태에 근거해 갑골문의 시대를 구분할 새로운 잣대의 발견을 이야기할 때는 다소 흥분까지 하신 듯 했다. 동작빈 선생께서 1933년 갑골문의 시기구분 기준으로 제시했던 10가지 표준에 하나를 더 보탤 수 있는 과학적 잣대이자 획기적인 성과였다. 그리고 상나라 때의 5가지 주요 제사에 대해서도 일가견을 갖고 계셨고, 새로운 연구 성과와 경향을 다양하게 소개해 주셨다. 게다가 갑골문 연구, 나아가 한자연구에서 가져야 할 참신한 시각도 많이 제공해 주셨다. 특히 한자를 문헌과의 연계 연구에서 벗어나, 고고학 자료들과의 연계, 나아가 인류학과 연계해야 한다는 말씀을 강조하셨다. 어쩌면 왕국유 선생께서 일찍이 제시했던 한자와 문헌과 출토문헌 자료를 함께 연구해야 하며 거기서 공통된 증거를 찾아야 한다는 '이중증거법'을 넘어서 인류학 자료까지 포함시킴으로써 '삼중증거법'을 주창하셨던 셈이다. 혜안이 아닐 수 없었다. 아마도 선생님께서 캐나다라는 구미 지역에서 오랜 세월 동안 연구하셨기 때문에 이러한 영역을 연계시키고 나아가 '중국인들의 사고'를 넘을 수 있었던 것이라 생각했다.

그 후로 선생님을 마음속에서만 흠모 했을 뿐, 제대로 찾아뵙지도 못하고, 제대로 가르침을 구하지도 못했다. 1989년 귀국하여 군복무를 마치고, 1991년 운 좋게 대학에 자리를 잡아 학생들을 가르치게 되었다. 중국학의 기초가 되는, 또 우리 문화의 기저에 자리하고 있는 한자를 좀 더 참신하게 강의하고자 노력하고 있을 때였다. 그때 정말 반가운 소식을 하나 접하게 되었다. 다름 아닌 선생님의 거작 『중국고대사회』가 동문선출판사에서 홍희 교수의 번역으로 출간된 것이었다. 영어로 된 교재 편집 본을 보고 감탄하며 활용하고 있었는데, 선생님의 학문 세계를 망라한 그 방대한 책이 우리 말로 번역되어 한국 독자들에게 소개된 것이다. "문자와 인류학의 투사"라는 부제가 붙어 있듯 이 책은 각종 고고학과 인류학적 자료와 연구 성과들을 한자와 접목하여 그 어원을 파헤치고 변화 과정을 설명한 책이다.

너무나 기뻐 내 자신이 몇 번이고 숙독을 했음은 물론 학생들의 교재로 사용하기도 했다. 지금 생각하면 그 두껍고 상당히 학술적이기까지 한 책을 통째로 익히게 했으니 학생들이 꽤나 고생하고 원망도 많았다. 하지만 당시에는 미국과 캐나다의 중문과에서도 여러분과 같은 또래의 학부학생들이 이 책으로 꼭 같이 공부하고 있다고 하면서 경쟁력을 가지려면 한자문화권에 사는 여러분들이 이 정도는 당연히 소화해야 하지 않겠냐며 독려했던 기억이 생생하다.

필자가 지금하고 있는 한자의 문화적 해석과 한자의 어원 연구는 사실 허진웅 선생님의 계발을 받은 바가 크다. 필자의 한자 연구를 '한자문화학'이라는 구체적 방향으로 가도록 해 준 책이 바로 이 책이기 때문이다. 그러다 1994년 숙명여대 양동숙 교수님의 주관으로 한국에서 전무후무한 성대한 갑골학 국제학술대회가 열렸다. 중국 대륙의 구석규, 왕우신 선생님을 비롯해 허진웅 선생님까지 오신 것이다. 저도 어린 나이였지만 초대되어 부족하지만 「갑골문에 나타난 인간중심주의」라는 논문을 발표하여 좋은 평가를 받았으며, 그 이후로 한자문화학이라는 이 방향이 지속 가능한 연구임을 확인하게 되었다.

그 이후로는 선생님을 직접 뵐 기회가 없었다. 중국이 개방되면서 주로 대륙을 드나들면서 상해의 화동사범대학 등과 공동 연구를 주로 하면서 대만을 갈 기회가 없었기 때문이다. 그래도 선생님의 책은 꾸준히 사 모았다. 그리고 블로그 등을 통해서도 선생님의 활발한 학술활동과 연구경향 등을 확인할 수 있었다. 컴퓨터를 여전히 잘 운용하시는 선생님의 모습이 그려졌다.

그러다 2019년 5월 대만문자학회의 초청으로 학술대회에 참여했다가 서점에서 선생님의『유래를 품은 한자』7권을 접하게 되었다. 그간의 선생님의 관점과 연구 성과를 담은 결과물을 보다 쉽게, 보다 통속적으로 기술한 책이었다. 나이 여든이 된 세계적 대학자께서 그 연세에 청소년들을 위해 큰마음을 잡수시고 이 방대한 책을 펴냈을 것임을 직감했다. 날이 갈수록 한자를 학문적 근거 없이 편한 대로 이해하는 세태, 그 속에 담긴 문화적 속성에 대한 이해 없이 단순한 부호로만 생각하는 한자, 그리고 줄어만 가는 중국 전통문화의 연구 등등, 이러한 풍조를 바로 잡고 후학들에게 관심을 가지게 하려면 어린 청소년부터 시작하는 게 옳다고 생각하셨을 것이다. 그래서 보통 대학자들이 잘 하지 않는 통속적 저술 쓰기를 손수 실천하셨던 것이다. 사실 전문적 학술 글쓰기보다 훨씬 어려운 것이 대중적 통속적 글쓰기이다. 고희를 넘어서 산수(傘壽)에 이르신 연세에 노구를 이끌고 이런 작업을 하신 선생님의 고귀한 열정을 우리 모두 깊이 새겨야 할 것이다.

대만 학회를 마치고 오는 길에 이 책을 번역하여 한국 독자들에게 소개해야겠다는 결심을 했다. 그것이 선생님께 진 학문적 빚을 조금이라도 갚고 선생님의 지도에도 감사하는 한 방식이라 생각했기 때문이다. 돌아오자마자 해당 출판사에 번역 제의를 했고 선생님께도 이 사실을 보고해 도움을 달라고 부탁드렸다. 출판사도 선생님께서도 모두 흔쾌히 허락해 주셨다. 다만 『유래를 품은 한자』7권과 곧이어 나올『갑골문 고급 자전』까지 총 8권의 방대한 저작을 한꺼번에 제대로 번역할 수 있을까 하는 걱정도 갖고 계셨다. 그러나 저는 개인이 아니라 한국한자연구소의 여러 선생님과 함께 하는 팀이 있다고 말씀드렸고, 저의 책임 하에 잘 번역하겠다고 약속드렸다. 물론 연구소의 인원 모두가 참여한 것은 아니지만 중국학 전공으로 자발적으로 참여하신 선생님들을 위주로 번역 팀이 꾸려졌다.

그리고 2020년 1월 초, 한자의 시원이라 할 갑골문 발견 120주년을 기념하는 국제학술대회와 한중갑골문서예전을 우리 연구소에서 개최하기로 되어, 이 자리에 선생님을 모셨다. 고령이기도 하시거니와 외부 활동을 잘 하지 않으시는 선생님이었지만, 초청에 흔쾌히 응해 주셨다. 한국은 숙명여대 학술대회 이후 약 25년 만에 이루어진 방문이셨다. 아마도 우리 연구소와 번역 팀이 어떤지를 확인해 보고 싶기도 했을 것이라 생각한다. 이번 학회에서도 선생님께서는 유가의 3년 상의 전통이 우리가 상상하는 것보다 훨씬 이전인 상나라 때부터 존재했다는 가설을 갑골문과 관련 고고자료들을 통해 논증해주셨다. 언제나 어떤 학회를 가시더라도 항상 참신한 주제에 새로운 성과를 발표해 주시는 선생님의 학문적 태도에 다시 한 번 감동하지 않을 수 없었다.

우리 한국한자연구소는 한국한자의 정리와 세계적 네트워크와 협력 연구를 위해 2008년 출범한, 아직 나이가 '어린' 연구소이다. 그러나 한자가 동양문화의 기저이며, 인류가 만든 중요한 발명품의 하나이자 계승 발전시켜야 할 유산이라는 이념을 견지하며 여러 가지 다양한 활동을 하고 있으며, 세계한자학회의 사무국도 유치했다. 마침 2018년 한국연구재단의 인문한국플러스(HK+)사업에 선정되어 한국, 중국, 일본, 베트남 4개국의 한자어휘 비교를 통한 "동아시아한자문명연구"를 진행하고 있다. 2025년까지 이 연구는 지속될 것이다. 한자는 동아시아 문명의 근원이고, 한자 어휘는 그 출발이 개별 한자이다. 한 글자 한 글자 모두가 중요한 개념을 글자 속에 담고 있고 수 천 년 동안 누적된 그 변화의 흔적들을 새겨 놓은 것이 한자라는 문자체계이다. 그래서 한자에 대한 근원적이고 철저한 이해는 이 모든 것을 출발점이자 성공을 담보하는 열쇠라 생각한다.

그런 의미에서 이 『유래를 품은 한자』는 우리 사업과도 잘 맞는 책이며, 통속적이고 대중적이지만 결코 가볍지도 않은 책이다. 허진웅 선생님의 평생에 걸친 연구 업적이 고스란히 녹아 있는 결정체이다. 특히 『갑골문 고급 자전』은 최신 출토 갑골문 자료를 망라함은 물론 평생 천착해 오신 갑골문과 한자어원 및 한자문화 해석에 대한 선생님의 집대성한 가장 최근의 저작이다. 이들 책에서 한자를 단순히 문자 부호가 아닌 문화적 부호로 보고 이를 문화학적 입장에서 해석하려는 노력이 특별히 돋보인다. 독자들에게 한자를 고고학과 인류학과 연결하여 보는 눈을 열어주고 한자에 담긴 새로운 세계를 인류의 역사와 함께 탐험하게 할 것이다. 그 어떤 저작보다 창의적이면서도 학술적이라 확신한다. 우리에게서도 점점 멀어져만 가는 한자, 이 책을 통해서 한자의 진면목과 숭고한 가치를 느끼고 한자와 가까워질 수 있을 것이라 믿는다. 그리고 한자에 담긴 무한한 지혜와 창의성을 체험하는 재미도 느끼게 해 줄 것이다.

다소 장황한 '후기'가 되었지만, 허진웅 선생님과의 인연과 필자가 한자 문화학의 길로 들어서게 된 연유, 그리고 그 과정에서 선생님께 입은 은혜에 대해 감사 표시라 이해해 주시기 바란다. 아울러 이 방대한 책을 빠른 시간 내에 번역할 수 있도록 참여해 주신 김화영, 양영매, 이지영, 곽현숙 교수님께도 감사드리며, 여러 번거로운 일을 마다않고 도와준 김소연 디자이너, 이예지, 최우주, 김태균, 박승현, 정소영 동학에게도 고마움을 표한다.

2020년 12월 20일
역자를 대표하여 하영삼 씁니다.

출현한자 찾아보기

저자/역자 소개

허진웅(許進雄)

1941년 대만 고웅 출생, 국립대만대학 중문과 졸업 후 1968년 캐나다 토론토의 로열 온타리오박물관 초청으로 멘지스 소장 갑골문을 정리, 갑골문 시기 구분 표준을 제시하는 등 갑골문 연구의 세계적 권위가가 됨. 1974년 토론토대학 동아시아학 박사학위 취득, 동아시아학과 교수 부임. 1996년 대만으로 귀국, 국립대만대학 중문과 특임교수로 재직, 2006년 퇴임 후 현재 세신대학 중문과 교수로 재직.
주요 저서에 『중국고대사회』,『실용 중국문자학』,『허진웅 고문자학 논문집』,『문자학 강의』,『갑골복사의 5가지 제사 연구』,『갑골의 찬조 형태 연구』등이 있다.

하영삼(河永三)

경성대학교 중국학과 교수, 한국한자연구소 소장, 인문한국플러스(HK+) 한자문명연구사업단 단장. (사)세계한자학회 상임이사. 부산대를 졸업하고, 대만 정치대학에서 석.박사 학위를 취득했으며, 한자 어원과 이에 반영된 문화 특징을 연구하고 있다.
저서에 『한자어원사전』,『한자와 에크리튀르』,『한자야 미안해』(부수편, 어휘편),『연상 한자』,『한자의 세계』등이 있고, 역서에 『중국 청동기 시대』,『허신과 설문해자』,『갑골학 일백 년』,『한어문자학사』등이 있고,『한국역대한자자전총서』(16책) 등을 주편했다.

김화영(金和英)

경성대학교 중국학과 조교수, (사)세계한자학회 사무국장,『한자연구』편집주임. 동의대학교 중문과를 졸업하고, 동 대학원에서 석사학위, 부산대학교에서 박사학위를 취득했으며, 한자학 관련 서적의 번역에 주력하고 있다.
저서에 『한자로 읽는 부산과 역사』(공저),『땅띠중국어』가 있고, 역서에 『삼차원 한자학』,『한국한문자전의 세계』,『유행어로 읽는 현대 중국 1백년』등이 있다.